POËTES ILLUSTRES DE LA POLOGNE
AU XIXᵉ SIÈCLE

CYCLE LITHUANIEN

PREMIÈRE PARTIE

ADAM MICKIEWICZ

EDOUARD ODYNIEC

Prix : 3 fr. 50 c.

NICE	PARIS
CHEZ VISCONTI, LIBRAIRE	MARPON & FLAMMARION
Rue du Cours, 2	Galerie de l'Odéon

1880

POËTES ILLUSTRES DE LA POLOGNE

AU XIX⁰ SIÈCLE

CYCLE LITHUANIEN

PREMIÈRE PARTIE

ADAM MIĆKIEWICZ

EDOUARD ODYNIEC

NICE	PARIS
CHEZ VISCONTI, LIBRAIRE	MARPON & FLAMMARION
Rue du Cours, 2	Galerie de l'Odéon

1880

Nice. — Imp. et Papet. MALVANO-MIGNON; 62, rue Gioffredo

ADAM MICKIEWICZ

AVANT-PROPOS

J'ai publié déjà la traduction de *Monsieur Thadée*, le chef-d'œuvre classique de Mickiewicz, œuvre de son génie poétique, arrivé à sa maturité, où l'auteur n'est plus absorbé par ses sentiments personnels, surexcités par l'action démoniaque des idées byroniennes ; mais où il nous retrace de son merveilleux pinceau, les mœurs et les aspirations de la Lithuanie, au début de ce siècle dont ce poëme restera un monument de gloire impérissable.

Plaçant maintenant, en tête du cycle lithuanien, le coryphée de la poésie polonaise, j'offre au public la traduction de quelques-unes de ses incomparables poésies lyriques et des extraits du poème : *Dziady* (les aïeux).

C'est le nom d'une fête populaire, célébrée encore jusqu'à nos jours, clandestinement, dans plusieurs contrées de la Lithuanie, de la Prusse et de la Courlande, en commémoration des aïeux ; antique solennité dont l'origine remonte au paganisme et que le clergé a cherché, avec l'aide de la classe instruite de la nation, à déraciner des usages du peuple, à cause des pratiques superstitieuses qui l'accompagnaient. (Voir pour plus amples informations les œuvres d'Adam Mickiewicz, traduites par Chr : Ostrowski, 5ᵉ édition, chez Firmin Didot, à Paris, pages 444 et suivantes, dans les notes du 1ᵉʳ volume.)

J'ai choisi, de préférence, les tableaux où l'auteur se dépeint lui-même, sous les traits de Conrad (dans les *Martyrs*), en lutte avec le ciel, par suite de l'exaltation de ses sentiments patriotiques, et sous ceux de Gustave (dans le *Presbytère*), sous l'empire d'une folie amoureuse de ses jeunes années.

Charles DE NOIRE-ISLE.

Paris, novembre 1879.

A
MES AMIS LITHUANIENS

A l'origine de l'histoire,
La Lithuanie eut la gloire
Pour compagne de vos aïeux,
Héros fidèles à leurs dieux ;
Et possède, à l'heure actuelle,
De braves et bons citoyens,
Aimant leur patrie immortelle...
Vivent les Lithuaniens ! ! !

POËSIES LYRIQUES

I

ODE A LA JEUNESSE

Le corps sans âme est de l'argile...
Jeunesse ! je plane inspiré,
M'élevant sur ton aile agile,
Au pays du rêve doré
Qu'illumine la fantaisie,
Prodiguant ses créations,
Et que peuple la poésie
De ses nobles illusions,
Charmant l'esprit par son prestige,
Ouvrant les cieux par un prodige,
Faisant épanouir les fleurs,
Et changeant en perles les pleurs.

Que le vieillard, courbé par l'âge,
Cherche, à terre, la seule image
Du bonheur idéal et saint
Que ne voit plus son œil éteint !
Jeunesse, enlève ma pure âme
Aux régions d'azur béni !
Réchauffe mon cœur, à la flamme
De l'amour céleste, infini !
Dans mon vol d'aigle, sous la nue,
Je vois un tourbillon lointain
Qui s'efface, et qui diminue
Dans l'ombre... C'est le monde humain !

Là trône et règne, à la surface,
L'âpre égoïste, au cœur de glace,
Qui navigue sur l'océan,
Sans nul souci de l'ouragan,
Ayant le plaisir pour boussole,
Et la volupté comme idole,
Jusqu'au moment, où quelque écueil
Brise sa vie et son orgueil...
Noble jeunesse ! Tu partages,
Avec délices, tes trésors,

Faisant rayonner les visages
D'un pur amour, dans tes transports...

Marchons, unis, à la conquête
Du beau, du sublime, dans l'art,
Sans avoir peur de la tempête,
Nous serrant sous notre étendard...
Honneur à ceux qui dans la lutte,
Tomberont, vaincus par le sort !
Dans les revers, soyons d'accord,
Pour triompher, après la chute !
Toujours unis, nous dompterons
La force, par la violence,
Et, sans montrer de défaillance,
Elevons vers le ciel nos fronts.

Travaillons, avec conscience,
Du jeune âge humbles écoliers,
Pour arriver à la science,
Et cueillir, plus tard, des lauriers.
Immense est ton pouvoir, jeunesse !
Si tu remplis ta mission

De guider les peuples, sans cesse,
Par l'idée et par l'action.....
Formons de nos mains une chaîne,
Unissons nos communs efforts,
Pour vaincre la routine vaine,
Sans scrupule et sans remords.....

Arrachons du globe l'écorce
De ses vieux préugés moisis ;
Le génie aura, seul, la force
De l'épurer de ses débris,
Le dirigeant dans son orbite,
Autour du foyer lumineux
Dont l'attraction, sans limite,
Attire les êtres aux cieux ;
Garant les mortels de l'ornière
D'une aveugle crédulité,
Les éclairant de sa lumière,
Reflet de la divinité !...

Le genre humain cherche et tâtonne,
Déviant du chemin, la nuit ;

Soyons son guide, la colonne
De flammes, au désert, qui luit;
Brillons d'un amour juvénile,
Doublement forts par l'union,
Par l'amité sainte et virile
Qui domine la passion.....
Le monde entrevoit le principe
Des choses..... l'ombre se dissipe...
L'aube annonce, par sa clarté,
L'heureux jour de la liberté...

II

AUX MÈRES POLONAISES

Si ton fils garde au cœur, ô, mère polonaise !
    Le culte des nobles aïeux ;
S'il songe à leur génie, à l'ombre d'un mélèze,
    A leurs exploits prodigieux.

S'il écoute, attentif, leur glorieuse histoire,
    Brûlant du même feu sacré ;
S'il veut, à leur exemple, illustrer sa mémoire,
    Rêvant à l'avenir doré...

Il a tort. — O, supplie, en baisant son image,
    La sainte mère des douleurs
De t'accorder encor patience et courage,
    Et de bénir, au ciel, tes pleurs.

La paix et l'union pourront régner sur terre,
    Les peuples se tendre la main ;
Ton fils, pauvre martyr, aura la chance amère
    De lutter, de mourir en vain.

Dresse-le, dès l'enfance, à dormir sur la paille,
    Dans quelque humide et noir réduit,
Rivé par des liens à la sombre muraille,
    Où nul jour n'arrive et ne luit.

Il faut qu'il s'habitue à cacher sa pensée,
    Sous un dehors timide et froid,
Sans trahir le venin de son âme oppressée
    Par la force primant le droit...

Le Christ, enfant, avait, pour hochet, la croix sainte,
    Signe de la rédemption ;
Ton enfant doit apprendre à souffrir sous l'étreinte
    Du mal et de la passion.

Forme son jeune corps à supporter la chaîne
    De fer et ses pesants anneaux,
A ne pas frissonner de terreur folle et vaine,
    A l'aspect du knout des bourreaux.

Il n'ira certes pas, en chrétien, à la guerre,
    Pour refouler les Musulmans,
Ou, comme en république, affranchir peuple et terre
    Du joug infâme des tyrans.

Il sera dénoncé par un lâche et vil traître,
    Condamné, par des apostats,
Aux tourments, au supplice, à la mort de son être,
    Au cachot, avec des forçats.

Il laissera sur terre, en gage de sa vie,
    Le bois rougi de son gibet,
Les larmes et soupirs d'une femme qui prie,
    De ses amis le long regret...

III

LA REDOUTE D'ORDON

Lors de la prise de Varsovie l'année 1831. — Récit d'un officier de l'État-major (historique).

Nous attendions l'assaut. Monté sur un affût,
Je vis deux cents canons tirer au même but.
Les Russes déployaient une ligne étendue
De foudroyants éclairs qui brillaient dans la nue.
Sur un signe du chef, je vis sur le coteau,
Les rangs se replier, comme une aile d'oiseau,
Laissant passer la troupe, en colonne serrée
Qui s'avançait au pas, d'une marche assurée,
Comme un flot noir de lave, où luisaient, par instants,
Les canons des fusils, aux reflets éclatants.
Les drapeaux, tout troués, présidaient au carnage ;
Trompettes et tambours stimulaient le courage
Des bataillons, groupés près de leurs étendards ;

Ils bravaient le trépas, sous le feu des remparts
D'un ouvrage avancé, glorieuse redoute
Qui retient l'assaillant et lui barre la route.
Là commandait Ordon, avec six obusiers
Qui lançaient et mitraille et boulets meurtriers,
Plus vite, que les mots dictés par la colère,
Plus prompts, que les soupçons d'un cœur qui désespère.

Souvent tombe un obus au sein des ennemis ;
Il éclate au milieu des soldats ahuris,
Emporte tout un rang, le couvrant de fumée,
Et laisse un vide affreux dans la troupe alarmée.
Messagères de mort, les balles dans leur vol,
Sifflent, traversant l'air, ou labourent le sol,
Et, glissant dans les chairs, pareilles aux vipères,
Répandent, tout autour, leurs souffles délétères ;
Invisibles à l'œil, mais d'un terrible effet,
Elles sèment le meurtre, à grands coups de sifflet,
Abattant les guerriers, dans leur sanglant sillage...
Tel l'ange de la mort qui tue et qui ravage !

Mais où donc est l'auteur de ces cruels combats?...
Expose-t-il ses jours, vaillamment, au trépas?

Non, certe ; il trône au loin, et là, s'irrite et gronde.
Autocrate, il commande à la moitié du monde ;
Lorsqu'il plisse le front... gare au knout, à l'exil !
Mères, pleurez vos fils, s'il fronce le sourcil...
Aussi puissant que Dieu, méchant comme le diable !
L'homme libre, à ses yeux, dans l'empire, est coupable.
Le Turc tremble à Stamboul, implorant sa pitié ;
La France, l'adulant, invoque l'amitié
Du monarque absolu que brave Varsovie,
Arrachant de son front sa couronne asservie,
Celle de Casimir le Grand, de Jagellon,
Toute souillée aux mains d'un Romanow, félon.
Le Tsar est mécontent ; on tremble en Moscovie.
Le Tsar se fâche, alors, tous ont peur pour leur vie.
Une armée innombrable et fidèle, en sa foi
Au Tsar, marche à la mort, pour calmer son effroi,
Aux ordres de son chef, le vainqueur du Caucase,
Accouru de la Perse obéir à l'ukase
Du despote qui force un illustre héros
A servir lâchement de complice aux bourreaux.

Protégé par le feu de son artillerie,
L'ennemi, s'avançant, touche à la batterie

Déjà, dont il atteint le glacis, les fossés,

En les comblant de corps des guerriers trépassés.

Le réduit brille encor d'une vive lumière,

Comme un papillon pris dans une fourmilière ;

Son aile diaprée émerge de l'essaim

De fourmis, en travail, qui l'enterrent enfin ;

Telle aussi la redoute allait être envahie

Par le flot de soldats dont elle est assaillie.

Le dernier obusier vient d'être démonté ;

Le dernier canonnier, à sa pièce emporté ;

Le sang qui coule à flots, inonde flamme et mèche ;

On voit les agresseurs escalader la brèche

Et, montant à l'assaut, gravir les parapets.

Pourquoi donc les fusils sont-ils, aux bras, muets ?...

Leur service fut dur, dans cette matinée,

Plus qu'aux inspections dans le cours d'une année...

Je compris la raison du mutisme obligé,

Ayant vu maintes fois, dans la lutte engagé,

Un faible peloton contre des adversaires,

Supérieurs en nombre et vieillis dans les guerres.

Deux seuls mots parcouraient les rangs : « Chargez ! Tirez ! »

Répétés par les chefs aux soldats affairés

Qui, sans trêve, chargeaient et déchargeaient leurs armes,

Fonctionnant toujours, sans cesse et sans alarmes,
Abaissant le mousquet, comme un engin à feu,
Et l'élevant au front, pour reprendre le jeu,
Jusqu'au moment terrible, où l'injure à la bouche,
La main ne trouve plus, dans le sac, de cartouche.
Le vétéran alors se recueille et, bravant
La mort, le fer en main, il s'élance en avant...
Songeant ainsi, je vis les Russes sur la brèche
Grouiller, comme des vers, sur un corps de chair fraîche.

A ce lugubre aspect, j'étouffais mes sanglots,
Quand mon chef m'interpelle, en m'adressant ces mots,
Après avoir fixé l'œil à sa longue-vue :
« Les Russes sont vainqueurs ! La redoute est perdue.
« Il faut se résigner, » me dit-il, sans orgueil,
« Essuyant une larme, apparue à son œil :
« Jeune, vous voyez mieux que moi, par ma lorgnette ;
« Distinguez-vous le chef, Ordon, sur la banquette?... »
— « Oui certes, général, je l'ai vu là, tantôt...
« Il pointait un canon et repoussait l'assaut.
« Il voulait tenir tête à toute cette armée !
« Mais il a disparu, voilé par la fumée...
« Je le revois encore, une torche à la main,

« Entouré d'ennemis, leur barrant le chemin...
« Il est pris... Non, il fuit... Ciel, il descend sous terre! »
— « Bien !... Il fera sauter, dit le chef, la poudrière ! »

Nous vîmes s'élever un nuage... un éclair
Briller, suivi d'un bruit assourdissant dans l'air.
Le ciel devint obscur, sous les éclats de terre
Et de restes humains, lancés dans l'atmosphère;
Canons, affûts brisés, cadavres mutilés
Retombaient, en grêlons, sur les gens affolés;
Un ouragan d'air chaud, de fumée et de sable
Nous enveloppe alors de son souffle effroyable;
Une averse de cendre aveugle mes regards,
Recouvrant de débris les talus et remparts ..

Plus tard, l'œil inquiet, cherchant la batterie,
Je vis un gouffre énorme entraîner ma patrie.
Canons, retranchements, Ordon que j'avais vu,
Défenseurs, assaillants... tout avait disparu.
Sacrifice héroïque et sublime hécatombe!
Mystérieux secret, enfoui dans la tombe!
Russes et Polonais s'y sont tendu la main,
En dépit de la guerre et du Tsar inhumain.

S'il disait : « Levez-vous ! » à ses sujets fidèles,
Ils seraient, cette fois, à ses ordres rebelles...
Leurs corps sont en poussière et leurs noms oubliés !
Leurs esprits, quelque part, dans l'infini noyés ;
J'ignore où, mais je sais, où se trouve et s'agite
La belle âme d'Ordon, avec les saints d'élite,
Les élus, les martyrs, affirmant par leur mort
De vertus et d'amour le bienheureux accord.
Car détruire est parfois une œuvre bien plus sainte,
Que garder des abus, lorsqu'ils portent atteinte
Aux biens les plus sacrés. Oui, la création
Sera suivie, un jour, de la destruction !...
Quand libertés et foi disparaîtront du monde,
Que l'orgueil d'un tyran, sa passion immonde
L'envahiront en plein, comme les gens du Tsar
La redoute d'Ordon, pour complaire à César ;
Dieu, châtiant le crime et du mal le repère,
Fera de même alors éclater notre terre...

IV

LA MORT DU COLONEL

En plein bois, dans une chaumière,
Les soldats, sur une civière,
Ont apporté leur colonel ;
La compagnie est sous les armes,
On entend de grands cris d'alarmes ;
Le chef reçut un coup mortel

Les villageois viennent, en masse,
Contempler celui dont l'audace
Fit des prodiges, au pays.
Le blessé, couché sur la paille,
Veut voir son coursier de bataille,
Et le fait entrer au logis.

Il se fait apporter son glaive,
Son uniforme, et se relève,

Pour leur dire un suprême adieu.
Puis, les mains jointes, le bon maître
Se confesse, humblement, au prêtre
Et rend l'âme sereine à Dieu.

La foule pleure et se lamente ;
Les chasseurs vieillis sous la tente,
Ont même les larmes aux yeux ;
Ils adressent une prière,
Au son d'une marche guerrière,
Au Père éternel dans les cieux.

On sonne à l'église voisine,
Dans le clocher, sur la colline,
Le glas funèbre, appel des morts ;
Les Russes accourent en foule,
La troupe prudemment s'écoule,
Pour tenter de nouveaux efforts.

Seul le peuple, réuni, prie
A genoux la vierge Marie,
Autour du cadavre, exposé
Sur un grabat dans la chaumière,

Dans sa tunique militaire,
Le visage calme et rosé ;

On dirait une jeune fille,
Au doux sein, sous la croix qui brille,
L'air chaste d'un ange en repos.....
Oui... c'est bien *Plater Emilie* [1]
Qui dort, sa mission remplie
De chef vaillant, mort en héros !

V

LA NUIT AU BIVOUAC

Un chef des insurgés de la Lithuanie,
  Après de glorieux combats,
Passe la nuit aux champs, la bataille finie,
  Et fait reposer ses soldats.

---

[1] Jeune héroïne d'une illustre famille de Lithuanie, tuée dans l'insurrection de 1831, apres avoir brillamment commandé un corps volant d'insurgés.

Après avoir pansé lésions et blessures,
    Fourbi leurs sabres et fusils,
Ils ont pour oreiller leurs selles de montures...
    Le chef veille, alerte aux périls,

Et songe au lendemain, sous les rameaux d'un chêne,
    Auxquels pendent les corps hideux
De deux vils espions qui subirent la peine
    De leurs attentats odieux.

Leurs cadavres roidis, s'agitent à la brise ;
    L'un est Juif et l'autre Allemand ;
Pris en flagrant délit et suspendus, en guise
    Des fruits amers du châtiment.

Il cherche, à l'horizon vague et noir, la colline,
    Où se trouvent son toit natal,
Son foyer, ses enfants et sa femme orpheline,
    Et leur fait un salut mental.

Tout à coup, apparaît une lueur étrange !
    Est-ce l'éclair ? Non !... « Sauvez, Dieu
« Tout-puissant, ma famille ! Epargnez mon cher ange !
    « Ma maison brûle ! Elle est en feu !

« Levez-vous ! à cheval ! Eteignons l'incendie. »
    Dit-il... On est prêt, sur-le-champ,
Quand, trompant l'ennemi par sa marche hardie,
    Une colonne arrive au camp.

Ils apportent au chef la terrible nouvelle ;
    Les Russes, les brigands maudits,
Ont mis sa femme à mort d'une façon cruelle ;
    Ses enfants... brûlés au logis !

« Mais nous avons saisi leur vil chef mercenaire,
    « Un étranger qui sert le Tsar »
Ajoute l'officier : « un infâme sicaire
    « Plus atroce encore qu'un Tatar. »

Le chef pétrifié, paraissait impassible ;
    Regardant brûler sa maison,
Dont la flamme sinistre était au loin visible...
    Il semblait privé de raison.

Les soldats, consternés, attendaient, en silence,
    L'ordre du chef, toujours muet,
Qui, ne pouvant enfin dominer sa souffrance,
    S'écria : « Le monstre au gibet ! »

Deux robustes gaillards saisirent le coupable,
  Lui liant les mains au poignet,
Et lui mirent au cou le nœud coulant d'un câble,
  En lui déchirant le collet...

On vit, au même instant, accourir la vedette,
  Avec un lancier, plein d'entrain,
Dans l'uniforme blanc, tchapka rouge et l'aigrette
  Du Cracovien, la pique en main.

« Honneur à Skrzynecki! [1] dit-il : Vive sa gloire!
  « Il a battu les généraux
« Du Tsar, en remportant une grande victoire,
  « Et conquis canons et drapeaux.

« Il s'avance à présent vers la Lithuanie! »
  Puis, en extase, il fond en pleurs
Que répand, seul, celui qui connaît le génie
  De la Pologne et ses douleurs.

---

(1) Général en chef de l'armée polonaise, pendant la révolution de l'année 1831. Il venait de tailler en pièces les corps russes des généraux Rosen et Gueismard.

Notre chef à la vie alors se sent renaître ;
    Il voit un brillant avenir !...
« Va-t-en... Fuis misérable, au loin, dit-il au traître ;
    Je n'ai plus le cœur de punir ! »

VI

LES TROIS FRÈRES BOUDRIS

(Ballade lithuanienne)

Brave Letton, le chef Boudris,
    Dans son vieil âge, avait trois fils
Qu'un jour, il appela près de lui, sur sa terre :
    « Aiguisez bien dards et couteaux
    Dit-il : mettez à vos chevaux,
Les selles et harnais, pour aller à la guerre.

    « J'apprends, que trois incursions
    Vont se faire, en trois régions ;

Olghierd doit guerroyer contre la Moscovie,
>> Skirghiel contre les Polonais,
>> Kieystut veut punir les forfaits
Des durs Teutons, en Prusse, à leur jong asservie.

» « Fidèle à l'appel glorieux
>> De la patrie et de nos dieux,
J'eus, hache ou glaive en main, mes armes toujours prêt
>> Infirme à présent, au logis,
>> Je vous envoie, avec l'avis
De prendre votre part des prochaines conquêtes.

» « L'un n'a qu'à suivre, en Orient,
>> Le prince Olghierd, en guerroyant
Jusques à Novgorod, la ville des fourrures,
>> Où peaux de martre et de renards
>> S'étalent, en masse, aux regards ;
Où dômes et clochers reluisent de dorures.

» « Que le second se mette au rang
>> Des guerriers, avides du sang
Des cruels Allemands de l'ordre Teutonique.
>> Riches chasubles, ambre et drap,

Pour se vêtir de pied en cap,
Abondent sur les bords brumeux de la Baltique.

« Je veux, que le dernier enfin
Passe, armé, le Niémen voisin,
Pour aller en Pologne. Elle est faible, appauvrie ;
Mais contient des armes de prix,
Belles ceintures et tapis ;
Surtout, qu'il m'en ramène une fille chérie !...

« Les femmes Sarmates, vraiment,
Ont l'œil plus vif, l'air plus charmant,
Que les beautés ailleurs, dans les autres contrées.
Elles ont : attrait sans pareil,
Sourire espiègle et teint vermeil,
Et sont, par leurs vertus, dignes d'être adorées.

« Dans un passé lointain, jadis,
Etant jeune et vaillant, je pris
Une femme à mon goût, gentille Polonaise.
Bien qu'elle soit morte à présent,
Son charme était si séduisant,
Qu'à son doux souvenir, mon cœur tressaille d'aise. »

Le vieillard bénit ses enfants,
Pour qu'ils revinssent triomphants,
Et les vit s'en aller, pleins d'audace, à la guerre.
Les jours passent vite, et les ans,
Sans ramener les jeunes gens ..
Le bon vieillard, déjà, les croyait voir sous terre.

Arrive un cavalier soudain,
Portant un trésor, à la main,
Qui, sous l'ample manteau, reluit parfois et brille.
— « As-tu là, de l'or de Moscou ?... »
— « Je t'amène, père, à mon cou,
« Du pays Sarmate, une aimable belle-fille ! »

Arrive un second cavalier
Qui cache, sous son bouclier,
Et sous la pelisse, une énorme pacotille...
— « As-tu de l'ambre, jaune et clair ? »
— « O non ! je t'amène, en hiver,
« Du pays Sarmate, une aimable belle-fille ! »

Sur la neige, d'un vif élan,
Survient, conduit par l'ouragan,
Le troisième guerrier, la fourrure bien grosse...

Avant même, qu'il ne l'ouvrît,
Le bon père, tout joyeux, fit
Inviter ses voisins à la troisième noce...

VII

MADAME TWARDOWSKA

On mange, on boit, on est en fête,
Menant la danse avec entrain ;
Chants et vin portent à la tête :
La-la-la-la! le gai refrain.

Monsieur Twardowski, dans l'auberge,
Montre des tours d'adroit jongleur
A la foule qui se goberge,
Ecoutant l'habile parleur.

D'un avocat bavard, sans cause,
Qui pérore sur tout sujet,
Rien qu'avec une simple dose
De tabac, il forme un barbet.

Il effleure du doigt la lèvre
D'un soldat braque et rodomont;
Le voilà qui se change en lièvre,
De longues oreilles au front.

D'un ouvrier de Varsovie
Qui buvait sec, soir et matin,
Il tire un litre d'eau-de-vie,
Pinçant le nez du Philistin.

Buvant la liqueur salutaire
A sa santé, d'un air malin
Il voit, surpris, au fond du verre,
Un tout petit noir diablotin.

Un être fluet, fantastique
Qui sort de la coupe, en sautant,
Et salue, en faisant la nique
A tout l'auditoire assistant.

D'un bond, du verre il est par terre,
Prend la taille du loup cervier,
Le corps souple de la panthère,
Et les griffes de l'épervier.

« Sieur Twardowski, je vous salue,
Dit-il : Payez votre tribut.
Toute équivoque est superflue;
Je suis le maître : Belzébuth.

« Vous fîtes un accord, valable
Pour deux ans, sur du parchemin
De bœuf, livrant votre âme au diable,
Pour avoir un brillant destin,

Et jouir de la vie, en homme
Qui s'accorde tous les plaisirs.
Vous deviez me rejoindre à Rome,
Pour vous soumettre à mes désirs.

« Voilà sept ans, qu'eut lieu le pacte.
Vous avez cru tromper l'enfer,
En m'évitant; mais je prends acte
De nos conventions, mon cher.

« En province, aussi bien, qu'à Rome,
La justice vient tôt ou tard…
Sachez, que l'auberge se nomme
Roma… Suivez-moi mon gaillard ! »

Twardowski ne sait que répondre
A ce dur : *dictum acerbum*
Du démon qui, pour le confondre,
Crie : « Et le *nobile verbum ?* »

Le pauvre homme doit se soumettre
A l'irrévocable destin...
Avant d'obéir à la lettre,
Il cherche un prétexte, sous main.

« Je t'ai promis, dit-il, mon âme,
A certaine condition,
Si ne qua non, dont je réclame,
Maintenant, l'exécution.

« J'ai le pouvoir, indéniable,
D'émettre trois désirs formels ;
Leur mise en œuvre, préalable,
Rend, seule, tes droits virtuels.

« Vois le cheval, qui sert d'emblème
A l'auberge, peint en relief ;
Je veux l'avoir vivant ; moi-même
Revenir, sur lui, dans mon fief,

« Habiter une maison neuve,
Construite en coquilles de noix,
Haute et solide, à toute épreuve...
Pour faire le chaume des toits,

« Tu choisiras des barbes juives,
Enfonçant vrilles, à pivot,
Aux chevrons et sur les solives,
Chacune en un grain de pavot.

« Pour montrer ton pouvoir de diable,
Les cloisons seront en cristal;
Tu feras la houssine en sable,
Pour mieux conduire mon cheval. »

Belzébuth obéit sur l'heure:
Houssine et cheval sont tout prêts;
Non loin, s'élève la demeure,
Au milieu de vertes forêts.

Twardowski, prenant la badine,
Monte, assitôt, sur le coursier,
Et reconnait son origine
A l'œil qui luit, comme un brasier.

« Tu gagnes certes la partie,
Dit-il, mais prends encore un bain,
Dominant ton antipathie,
Dans l'eau bénite du bassin... »

Le diable fait une grimace ;
Il frissonne de crainte, au bord ;
Puis il entre et pose sa face,
Pour rester fidèle à l'accord.

Il sort ensuite, avec vitesse,
Souffrant de brûlures au corps.
« Tu m'appartiens, malgré la messe,
Dit-il, en dépit des remords. »

— « Encore une dernière épreuve !
De ma femme voici la main
Que t'offre son époux... Fais preuve,
En l'aimant, d'esprit surhumain.

« Aux enfers, je prendrai ta place ;
Prends la mienne, durant un an,
Auprès d'Anna... Qu'elle t'embrasse,
Et t'aime, avec le même élan !...

« A ses désirs, à sa tendresse
Réponds, les payant de retour,
N'oubliant jamais ta promesse
De l'aimer sans fin, nuit et jour. »

Le diable se trouble et s'emporte,
En voyant la chaste moitié,
Puis, se rapprochant de la porte,
Il s'échappe, mortifié,

Par une petite ouverture,
Laissant l'époux et son trésor,
Enfermés à double serrure...
Même, à cette heure, il file encor.

VIII

L'ONDINE (BALLADE)

Quel est le beau garçon ? Quelle est la jeune fille ?
    Au clair de lune, au bord du lac,
Qui se tiennent la main ?... Leur sein bondit, l'œil brille,
    Causant, ils marchent en zigzag.

Elle offre, d'un panier, des fraises au jeune homme ;
    Celui-ci lui tresse des fleurs ;
Elle adore, à coup sûr, le brave gentilhomme ;
    Un tendre amour unit leurs cœurs.

On la voit en cachette, à l'ombre d'un mélèze,
    La nuit, se suspendre à son cou...
Il est un grand chasseur, ardent comme la braise ;
    Elle surgit, on ne sait d'où...

On ignore, à quel nom répond aussi la belle,
    Qui sur l'eau se montre en secret,
Embrase son amant, pareille à l'étincelle,
    Et se perd, comme un feu follet.

« Dites-moi, ma charmante, à quoi bon ce mystère,
    Dans nos rendez-vous amoureux ?
Montrez-moi la cabane, où loge votre mère ;
    Vos parents vivent-ils heureux ?...

« L'automne approche humide, et jaunit le feuillage,
    Les jours sont froids et pluvieux ;
Dois-je toujours errer au bord du lac sauvage,
    De vous voir, bel ange, envieux ?...

« Vous me fuyez, pareille à la biche craintive,
    Au fantôme qui luit un moment ;
O, restez avec moi ! ma beauté fugitive,
    Joyeuse, aux bras de votre amant.

« Non loin, sous les tilleuls, se trouve ma chaumière,
    Au milieu des fleurs et des fruits,
Vous trouverez du miel et du gibier, ma chère,
    De ma chasse les beaux produits... »

— « Cessez jeune étourdi, vos propos, reprit-elle,
    L'homme a la voix du rossignol,
Disait mon père, mais aussi, je m'en rappelle,
    L'instinct du renard pour le vol.

« Je crains votre nature aimante et variable,
    L'inconstance de vos transports.
Si je me fie à vous, et me livre, coupable,
    Serez-vous fidèle, âme et corps?... »

Le chasseur à genoux devant la jeune fille,
    Lui jure un amour éternel,
En prenant, à témoin, l'astre des nuits qui brille...
    Tiendra-t-il son serment formel?...

— « Gardez-le pour la vie, autrement, je l'assure,
    Vous serez cause d'un malheur.
Il frappe sans pitié l'homme qui se parjure,
    Le traître qui manque à l'honneur. »

Lui dit d'un air malin, la blonde jouvencelle,
    Pose sa couronne de fleurs
De bluets, sur la tête, et, comme une gazelle,
    S'enfuit loin du jeune homme en pleurs...

Il la poursuit en vain. La sirène attrayante,
    S'envolant, trop vite à son gré,
Avec l'agilité de la brise entraînante,
    Le laisse, isolé, sur le pré.

Revenant, soucieux, par un sentier qui longe
    Le lac, frangé d'écume, en bas,
Il écrase, en froissant, occupé d'un beau songe,
    Les feuilles mortes, sous ses pas.

Le vent souffle, gémit dans la forêt profonde,
    Et passe, en effleurant son front ;
Il promène un regard distrait sur la fraîche onde
    Qui tourbillonne dans le fond.

Le flot monte et grossit ; au-dessus de l'abîme,
    Paraît une vierge soudain,
L'ondine du grand lac... O, merveille sublime !
    Elle lève et lui tend la main.

Née au sein de l'orage, à la lumière éclose,
    Dans un fin voile transparent,
Son pâle et beau visage est pareil à la rose
    Blanche, à l'éclat odorant.

Elle dit d'une voix douce et mélodieuse :
  « Qui cherches-tu, jeune étranger,
Sur les rives du lac ? L'eau profonde et trompeuse
  Peut mettre ta vie en danger.

« Pourquoi courir après une fille coquette
  Qui t'entraine dans ses filets,
Te fait languir d'amour, te cajole en cachette,
  Et se moque de tes regrets ?

« Laisse-moi te convaincre. O, crois à ma parole !
  Rejette tes liens dorés ;
Viens à moi. Baignons-nous ensemble, mon idole,
  Dans les flots du lac azurés,

« En rasant si tu veux, hirondelles agiles,
  Le pur et clair miroir des eaux.
Ou, comme les poissons à nos amours dociles,
  Nous bondirons dans les roseaux.

« Tu trouveras, la nuit, une couche argentée,
  Sous un frais dôme de cristal,
Des fleurs de lis, frôlant, la blancheur veloutée ;
  Pour coussin, mon sein virginal... »

Elle le montre alors, frissonnant de luxure,
    Dévoilé, sous ses longs cheveux,
Et lui dit, l'œil en feu, déroulant sa ceinture :
    « Viens à moi ! Sois mon amoureux ! »

Et, pareille à l'éclair qui sillonne la nue,
    Elle saute et s'ébat au bord,
Puis plonge au fond du lac, légère et demi-nue,
    Et nage sous l'eau, sans effort.

Le chasseur court après... Il hésite et s'arrête,
    Au souvenir de son serment ;
Mais l'onde, chatouillant ses pieds, trouble la tête
    Du volage, oublieux amant.

Elle envahit son cœur, l'étreint de ses caresses,
    Et fait jaillir la volupté...
Telle une vierge folle, à force de tendresses,
    Retient un jeune homme enchanté.

Celui-ci, fou d'amour, s'élance dans l'abîme,
    Oubliant ses premiers aveux ;
Et, séduit par l'ondine, il devient la victime
    D'attraits qui fascinent ses yeux.

Emporté, haletant, par le courant de l'onde,
  Il est pris dans ses tourbillons,
A cheval sur la vague écumante qui gronde,
  Et creuse d'humides sillons.

Son cœur vibre, au contact d'une beauté magique,
  Il admire des traits divins ;
De sa lèvre, il effleure une bouche angélique,
  Et presse un beau corps dans ses mains.

L'ouragan siffle, aigu, du haut de la montagne,
  Le prestige s'évanouit...
Le chasseur reconnaît, surpris, dans sa compagne,
  La fille des bois qu'il trahit.

« Tu rompis tes serments, souilles ton âme impure,
  Dit-elle, en courroux. Le malheur
Frappera sans pitié l'homme qui se parjure,
  Le traître qui manque à l'honneur.

« Il te sied de courir, sur la vague, aux rivages,
  Ou de plonger au fond de l'eau.
Ton corps sera rongé par les fauves sauvages ;
  Tes os n'auront pas de tombeau ;

« Et ton âme, aux enfers, viendra sous le mélèze
    Gémir, le soir, pendant mille ans,
Desséchée et roussie à l'ardeur de la braise,
    N'ayant rien à boire, céans... »

Le chasseur, interdit, veut fuir la froide ondine.
    Il lance un regard anxieux,
Tout autour, et se voit, avec son héroïne,
    Au pouvoir du flot orageux,

Qui s'agite, écumant, tourbillonne et l'entraîne
    Au fond du gouffre sous-marin ;
Et l'abîme engloutit et chasseur et sirène,
    Frappés par le cruel destin.

Le lac bouillonne encore et se heurte à ses rives :
    On voit, tous les soirs, un moment,
Glisser, sous les tilleuls, deux ombres fugitives :
    La jeune fille et son amant.

L'une, placée au bord, crie et se désespère ;
    C'est l'âme du pauvre chasseur.
Et l'autre, sur les flots, danse vive et légère...
    On la nomme : un être sans cœur.

IX

LE RETOUR DU PÈRE AU LOGIS

« Allez, enfants, tous à la fois,
Là-bas, au haut de la colline ;
A genoux, au pied de la croix,
Priez l'assistance divine,

« Qu'elle protége le retour
De votre père en son voyage ;
Je l'attends en vain, nuit et jour ;
J'ai peur pour lui du sombre orage ;

« Il pleut ; le tonnerre a grondé,
Les loups hurlent pour le carnage,
Les eaux du fleuve ont débordé ;
Du Sauveur implorez l'image ! »

Baisant leur mère, les enfants
Vont, tous, prier sur la montagne,
— D'où l'on domine la campagne —
Et dire au ciel leurs vœux touchants.

« Préservez, bon Dieu, notre père
D'accidents et de tout malheur ;
Daignez, à notre humble prière,
Lui conserver vie et bonheur. »

Ils récitent des litanies,
Priant la Vierge et tous les saints
D'accorder leurs faveurs bénies,
Et chantent de pieux refrains.

On entend du bruit sur la route,
Une voiture approche enfin ;
La bande alors se tait, écoute
Et court, la surprendre, en chemin.

Le père ému, met pied à terre ;
Il pleure, embrasse ses enfants,
Demande, comment va leur mère,
La ferme, et les vieux parents ?...

« J'ai là, dit-il, dans mes valises,
Pour ceux qui sont obéissants,
Des bonbons et des friandises,
Encor d'autres jolis présents. »

Il ordonne ensuite à ses gens,
De ramener le char en ville,
Et lui-même, avec ses enfants,
Revient à pied au domicile ;

Quand il est assailli, soudain,
Par des brigands à mine atroce,
Poignards et massue en main,
Barbus et le regard féroce.

Les bambins se cachaient craintifs,
Sous l'ample manteau de leur père,
Pris par les bandits répulsifs,
Et criant au chef sanguinaire :

« Prenez ma fortune et mon or,
Mais laissez intacte ma vie,
Nécessaire à ma femme encor,
A ma famille, à ma patrie. »

Les vils assassins restent sourds
A la plainte, pillent voiture
Et gens, et menacent ses jours,
Riant de sa triste figure.

Tout à coup, le chef des brigands
Les oblige à laisser leur proie ;
Il rend le père à ses enfants,
Toute la famille à la joie...

Et répond au père attendri :
« Allez en paix... Sans la prière
Des marmots, vous auriez péri
Déjà, de ma main meurtrière...

« Vous leur devez votre salut
Et la vie... Oui, rendez-leur grâce,
Que la clémence prévalut
En mon cœur, sur l'instinct rapace.

« Lorsque j'appris votre retour
Dans le pays, d'un long voyage,
Je vous attendis tout le jour,
En plaine, avide de pillage...

« Dans les broussailles, à l'affût,
Je vis vos enfants en prière ;
Elle me fit rire, au début ;
Ensuite, une pitié sincère

« Remplit mon cœur, au souvenir
De mes garçons, dans ma chaumière ;
Je sentis mon sein tressaillir,
Et laissai choir mon cimeterre.

« Rentrez chez vous. Je rentre au bois...
Priez, enfants, Dieu, pour l'infâme,
Sur le tertre, près de la croix...
Puisse-t-il absoudre mon âme !... »

X

L'EMBUSCADE

(Ballade ukrainienne)

Le palatin sur son domaine,
L'époux courant et hors d'haleine,
Rentre, furieux, au logis;
Du lit relevant la portière,
Il le trouve vide, en colère,
Et des traces sur le tapis.

Il tord une grise moustache,
Bat du pied le sol, sans relâche,
Et médite un sombre projet.
Elevant la voix, il appelle
Gonta, son cosaque fidèle,
Et dit au serviteur muet :

« Pourquoi, dans le parc, la tourelle
N'a-t-elle pas de sentinelle?
Garde-t-on la porte, la nuit?..
Prends un fusil sur ton échine,
Décroche aussi ma carabine
Et mon grand sabre sans bruit. »

Ils longent, armés, la façade
Et se placent, en embuscade,
Dans les massifs en espalier...
Une femme blanchit dans l'ombre
D'un tilleul, au feuillage sombre,
En tête-à-tête familier.

Rien qu'en peignoir, sa chevelure
Tombait soyeuse à la ceinture;
D'un bras, elle couvrait son sein,
Ecartait de l'autre, un beau page
Agenouillé dont le visage
Révélait un tendre dessein.

Baisant les genoux de sa dame,
Il soupirait, disant: « Mon âme!
Vous ne voulez donc plus me voir?

Le palatin, par jalousie,
Vous retient à sa fantaisie,
Comme un esclave en son pouvoir ?

« Moi, qui vous aime avec ivresse,
Exilé de votre tendresse,
Je dois vous perdre à mon amour,
Quand, fier et vain de sa richesse,
Le palatin, dans sa vieillesse,
Vous possédera nuit et jour...

« Il pourra, de sa bouche impure,
Souiller votre aimable figure,
Vous embrasser, dans ses transports,
Aspirer votre douce haleine,
Et tourmenter ma souveraine
D'odieux, séniles efforts...

« Monté sur mon coursier rapide,
Je dois vous quitter, l'œil humide,
Céder ma place au vieux époux,
Et renoncer à tout délice,
Vous laissant en proie au caprice
D'un tyran despote et jaloux... »

Puis, il lui murmure à l'oreille,
En effleurant sa peau vermeille,
Ses plaintes, ses soupirs, tout bas :
Et la belle, émue et surprise
Par les accents d'une âme éprise,
S'oublie et glisse dans ses bras.

Le palatin, farouche et grave,
Ordonne alors à son esclave
De tirer, et de décharger
Son fusil sur la Châtelaine :
« Moi, je châtîrai leur fredaine,
En tuant le jeune étranger. »

— « Pitié Seigneur ! Je vois le diable :
J'en ai peur ! Je suis incapable
D'immoler la jeune beauté...
En épaulant la maudite arme,
J'ai senti couler une larme,
Mouiller la poudre en vérité. »

— « Obéis, vile créature !
Prends ma poudre... Sinon, je jure
De te donner cent coups de fouet.

Vise bien, au cœur, la perfide...
Rejette au loin la poudre humide ;
Essuie après le bassinet.

« Est-ce fait ? Attends ma décharge
D'abord ; puis fais feu !... Je me charge
De tuer le beau chérubin... »
Le cosaque, aussitôt, de l'arme,
Logea sa balle, comme un charme,
Juste au cerveau... du palatin.

XI

LE MAÎTRE SUPRÊME

Un divin maître unit tous les chants en un son,
Fit vibrer tous les cœurs de même, à l'unisson.
Forma des éléments déchaînés, en délire,
En les mettant d'accord, des cordes à sa lyre,
Et chante ainsi depuis l'origine des temps,
Sans que l'esprit de l'homme en comprenne le sens.

l sculpta pics et monts, en relief sur la sphère,
Fit couler les métaux dans le sein de la terre,
Suspendit dans l'azur de ravissants tableaux
Dont l'image apparaît dans le miroir des eaux.
Et maintenant encor, la frêle créature
Ignore les secrets de la belle nature.

Pauvre génie humain ! tes produits incompris
Peuvent-ils égaler les chefs-d'œuvre infinis ?...
Admire en t'inclinant les effets et les causes.
Reconnais ta faiblesse, et plains-toi, si tu l'oses,
Que tes chants, marbre ou toile, inconnus ou blâmés,
Ne sont pas, à ton gré, par la foule acclamés.

XII

LES FAUX SAVANTS

Les rhéteurs, pleins d'orgueil, croyaient dans leur démence
Pouvoir tout expliquer, faussant la vérité,
Quand le Christ incarné, par sa sainte présence,

Vint enseigner sur terre, à tous l'éternité ;
« La mort à qui prétend nier notre doctrine ;
« Mais, la nuit... loin du peuple entraîné qu'il domine. »

Disent dans leur courroux, les docteurs de la loi.
Ils ouvrent leurs écrits, consultent leur science,
En quête d'arguments contre la pure foi
Et, forts de leur raison, ils vont sans conscience,
Suivis de partisans, terrasser l'insolent
Prétendu rédempteur du monde, en l'accablant :

« Vous osez, hurlent-ils au doux fils de Marie,
Vous dire fils de Dieu ? » — « Certes » répond Jésus :
— « Êtes-vous le Messie ? » — « Oui ; je donne la vie. »
Les docteurs, à ces mots, se prosternent confus ;
Mais, voyant que le Christ prêche, avec indulgence,
Ils veulent furieux, user de violence.

Lui tirent, de leurs mains, les vêtements du corps,
Faisant couler le sang, sous un faisceau d'épines,
Et, pendant qu'acharnés, ils frappent sans remords,
Jésus adresse au ciel ses prières divines
Et pardonne aux pervers, expirant sur la croix,
Aux pécheurs endurcis qui sont sourds à sa voix.

Quand le crime inouï fut commis au calvaire,
On vit les murs trembler et la nature, en deuil,
Pleurer l'acte odieux, consommé sur la terre,
Qu'aux mortels suggéra le démon de l'orgueil...
Mais aux cieux rayonnait le Christ, source de vie,
Tarie uniquement dans l'âme de l'impie.

XIII

DEUX ROMANCES

extraites du poëme

CONRAD DE WALLENROD

1

La belle Vilia, claire et fraîche rivière,
Roule ses flots d'azur sur du sable doré;
La Lithuanienne, attrayante et légère,
A le cœur aussi pur, le teint rose et nacré.

L'une attire, en baignant l'odorante vallée,
Roses et papillons, tout le long de son cours ;
L'autre a, vive et folâtre, une troupe zélée
De joyeux compagnons, lui contant leurs amours.

L'ondine, dédaignant les fleurs de son rivage,
A hâte de s'unir au Niémen, son amant ;
L'étourdie, insensible aux siens, à leur hommage,
Se livre à l'étranger, avec enivrement...

Le Niémen la séduit par ses mâles caresses,
Et l'entraîne, avec lui, sur son lit rocailleux ;
Etroitement unis, dans de folles ivresses,
Ils vont se perdre ensemble, à la mer, aux flots bleus.

Jeune fille, enlevée à ta chère patrie,
Tu périras aussi, sur le sol étranger,
Victime de l'oubli, par son onde flétrie,
T'abîmant, seule au fond, sans pouvoir surnager !

Les torrents et les cœurs ont leur pente fatale ;
La pauvre femme éprise, et l'onde qui se perd ;
Celle-ci, sur le sein du fleuve, à l'eau glaciale,
Et l'autre, dans la tour solitaire, au désert...

2

CHANT D'UNE RECLUSE DANS LA TOUR

Quand finiront, mon Dieu! mes larmes, mes soupirs?...
Depuis que le destin à me frapper s'acharne,
Les pleurs, que font couler de cruels souvenirs,
Ont rongé les barreaux de l'étroite lucarne,
Et forment, goutte à goutte, un creux dans le gros mur
Sans pouvoir alléger mon exil, sombre et dur!

Un feu brûle, éternel, au haut de la montagne,
Que les prêtres dévots vénèrent nuit et jour.
Une eau, de source vive, arrose la campagne,
La neige l'alimente et la brume alentour;
Eternelles aussi sont mes larmes amères
Qui pèsent sur le cœur et brûlent mes paupières.

Elevée au logis, chez de nobles parents,
Dans un castel antique, au sein de l'opulence,
Je passais d'heureux jours, dans des jeux innocents,

Dans le calme serein d'une douce existence ;
Et l'amour maternel, comme un ange gardien,
Veillait sur mon cœur et pensait à mon bien.

Nous grandissions, trois sœurs, sous l'aile de ma mère ;
Fière des prétendants qui s'offraient à ma main,
D'agréable beauté, jeune et riche héritière,
Je souriais au monde, au plaisir, quand soudain,
Grâce au bel étranger, ignorante et payenne
J'eus, par lui, le bonheur de devenir chrétienne.

Naïve, j'admirais la splendeur du vrai Dieu,
Sa bonté souveraine et sa gloire éternelle,
Le guerrier qui l'implore, à genoux au saint lieu,
Rayonnant de tendresse, à son amour fidèle,
L'égal par sa valeur des Lithuaniens,
Maître de ma personne, éprise en ses liens...

Il m'enlevait alors dans la sphère azurée,
Me contait son amour, me pressait dans ses bras,
Folle de passion, en extase, adorée,
Prête à passer ainsi de la vie au trépas...
Oui, sans cesse, toujours, je vois le ciel, en rêve,
Et songe à mon époux, sans repos et sans trêve.

La croix sur sa poitrine, emblème de la foi,
Me ravissait le cœur, m'inondant de lumière.
Pourquoi cause-t-elle, à présent, mon effroi
Et remplit de frayeur l'âme, même en prière?..
Mais je n'ai nuls regrets, pleurant matin et soir,
Car, dans l'âpre douleur, surnage encor l'espoir!

XIV

STANCES D'AMOUR

1

Si j'étais l'auréole claire,
    Sur votre front serein,
Si j'étais la gaze légère
    Qui voile votre sein;

Par l'onde doucement bercée
    Qui vibre au fond du cœur,
Je saurais, si votre pensée
    Répond à mon ardeur.

Je caresserais, vent ou brise,
De mon souffle embaumé
Uniquement la rose exquise
Et vous, mon Ange aimé.

Espérant, à force de zèle,
Vous enlever un jour,
Heureuse et pure, sur mon aile
Aux régions d'amour.

2

A votre ordre de fuir j'obéis en esclave.
Vous pouvez m'exiler loin des yeux, loin du cœur,
Sans pouvoir effacer votre image que grave
En moi le souvenir de nos jours de bonheur,

Plus le point lumineux s'éloigne, plus son ombre
Grandit à l'horizon, et devient plus sombre;
Tel aussi le passé, présent au souvenir,
Laissera son empreinte, au loin, dans l'avenir.

De notre âme formant une même parcelle,
Notre joie et nos pleurs, supportés en commun,
Ont laissé dans nos cœurs une trace éternelle,
Et nos êtres, unis par l'amour, *ne font qu'un*...

Quand pensive et rêveuse, au salon, solitaire,
Vous ferez résonner la harpe sous vos doigts,
Vous vous rappellerez le chant, qu'à ma prière,
Vous fîtes retentir de votre belle voix.

Ou, jouant aux échecs, si vous perdez la reine,
Tenue à l'improviste, en échec, par un fou,
Vous songerez alors à nos jeux, à la chaîne
Qui nous unit ici, ma lèvre à votre cou.

Prenant un court repos, au bal, après la danse,
Sur un siège à l'écart, dans le joli boudoir,
Vous chercherez en vain, à côté, ma présence,
Près de la cheminée, où nous causions le soir,

Feuilletant un roman qui dépeint la ruine
De l'espoir de deux cœurs, épris de passion,
Vous reverrez vos traits, dans ceux de l'héroïne,
Dont la mère s'oppose à bénir l'union.

Et si l'auteur finit, à la fin de son livre,
Par unir les amants, radieux à l'autel,
Vous envîrez, pour sûr, leur doux bonheur de vivre
Ensemble, en se jurant un amour éternel.

S'il tonne, et si l'éclair brille, en feu, dans la nue,
Effrayant sur le toit un pauvre oiseau transi,
Sa plainte fera croire à votre âme ingénue,
Que la mienne a besoin d'un doux refuge aussi;

Oui, partout et toujours, en toute circonstance,
Séparés par le sort contraire, inopportun,
Nous aurons joie égale, et la même souffrance,
Car nos êtres, unis par l'amour, *ne font qu'un*.

3

Quand ma blonde beauté, commence à roucouler,
A jaser, babiller, avec entrain et verve,
Elle y met tant de charme et sait si bien parler,
Que de peur de laisser perdre un mot, je l'observe,

Et n'ose l'interrompre, écoutant ses discours,
Et ne voulant plus rien que l'entendre toujours...

Son regard, plein de flamme, éclaire son visage;
Elle évente son teint de son frêle éventail,
Me montre, en souriant, et perles et corail...
Je cesse d'écouter son gentil bavardage,
Et de sa bouche en cœur admirant le carmin,
Je ne demande plus, qu'à l'embrasser sans fin.

4

Soyez fidèle à ma tendresse,
   Si vous devez partir,
Et n'augmentez pas ma tristesse,
   En me faisant languir.

Laissez-moi, mon enchanteresse,
   Rêver sur votre sein,
Et vous chérir, dans mon ivresse,
   Sans penser à demain.

Vous aimant, vous baisant sans cesse,
　　Au gré de mon désir,
Dans le bonheur, dans ma jeunesse,
　　Je veux ainsi mourir.

Un jour, pour me faire revivre,
　　Jetez-moi, par bonté,
Un doux regard qui me délivre
　　Du trépas redouté.

Je reprendrai mon corps, mon âme,
　　Pour nos chères amours,
Et les clairs rayons de ma flamme
　　Vous brûleront toujours.

5

O, ma chère adorée! à quoi bon de vains mots!
Pourquoi ne puis-je pas communiquer ma flamme,
Directement du cœur, sans phrase, à votre âme,
Sans paroles, ni sons futiles dont les flots

S'évaporent, avant de rendre ma pensée,
Ou gèlent, comme l'eau, par la bise glacée.

J'ai beau dire et redire aux échos d'alentour,
Sur tous les tons d'un cœur bien épris : « Je vous aime, »
Vous ne me croyez pas, et muette, vous-même,
Dédaignez mes aveux, doutant de mon amour...
Je ne sais vraiment pas, ce qu'il faut que je fasse,
Pour prouver, comment j'aime, et briser votre glace.

J'ai formulé, sans fruits, de stériles désirs ;
Je veux fondre, à présent, mes lèvres sur ta bouche,
Reposer sur ton sein, t'embrasser, sur ta couche,
Et t'infuser mon âme, en de brûlants soupirs...
Vivre ainsi, dans tes bras, jusqu'à la fin du monde,
Et même après... toujours... avec ma beauté blonde.

XV

SONNETS

1

A LAURE

Votre maintien modeste et votre doux langage
Sont aussi réservés, qu'est pur votre regard ;
Recherché par le monde, il ressemble, sans art,
A celui d'une reine égarée au village.

On discutait hier le charme du visage
Des beautés de l'endroit, énumérant, à part,
Tous leurs traits admirés, ou blâmés, sans égard :
Votre apparition mit fin au bavardage.

Tous restèrent muets et saisis de respect,
Comme au signal donné, s'arrêtent chœurs et danse ;
Ils se turent de même, à votre seul aspect,

Sans pouvoir expliquer la cause du silence ;
Tel d'un ange, sur terre, agit l'effet direct,
Même incompris par ceux, que ravit sa présence.

2

SOIR ET MATIN

La lune, le matin, s'efface à l'occident ;
Le soleil paraît terne, entouré de nuages ;
La rose embaume l'air à l'ombre des bocages ;
Par le zéphyr bercée, elle verse, en cédant,

Des perles de rosée. Alors, me regardant,
Mon ange, à la fenêtre, accueillit mes hommages ;
« Pourquoi d'un fol amour affronter les orages ? »
Dit-elle, impitoyable à mon désir ardent...

Je revins, vers le soir, à la même croisée ;
Je revis et la lune, et la rose exhaler
Son parfum, par le vent, sur sa tige brisée,

Et ma fière beauté que je n'ose appeler...
Nous pleurons, tous les deux ; la fleur dans la rosée,
Et moi, sentant mon cœur de larmes se gonfler.

3

BONJOUR

Je n'ose réveiller mon bel ange au repos,
En lui disant : « Bonjour! » Oh! quel aspect splendide!
Son âme, errant aux cieux, rayonnante et candide,
Anime, en même temps, ses traits divins si beaux!

Elle ouvre, à mon appel, souriant, ses joyaux,
Ses yeux charmants qu'effleure une mouche intrépide,
Et le jour indiscret, sous mon regard, avide
Et jaloux des rayons qui percent les rideaux.

« Je brûlais de désir, épris de votre grâce,
Mais avant de vous dire un bien-aimé bonjour,
Rassurez mon esprit, pardonnez mon audace...

« Quoi ; vous refusez même un baiser à l'amour!
Je tends vos vêtements à la main qui me chasse,
Et j'espère, au lever, vous faire, au moins, la cour. »

4

BONNE NUIT

Bonne nuit mon cher ange! A revoir, à demain!
Dors, ma charmante, en paix; clos ta douce paupière,
Sèche tes tendres pleurs. Bonne nuit, ma très-chère!
Puise dans le sommeil un calme souverain.

Et songe à ton esclave, à son amour certain...
Puisse-t-il rappeler à ton cœur ma prière,
Et t'offrir le tableau de mon culte sincère...
Laisse-moi déposer un baiser sur ton sein...

Ciel! Pourquoi le cacher ainsi sous le corsage?
Je te dis: Bonne nuit, chère, encore une fois!
N'appelle pas tes gens; montre ton beau visage!

Tu t'enfuis, t'enfermant, à clef, d'un air sournois...
Bonsoir, par la serrure. O, le maudit barrage!...
Pour te laisser dormir, je fais taire ma voix.

5

AU NIÉMEN

Eau claire du Niémen, fleuve de mon pays,
Qu'espiègle, je puisais dans ma main enfantine,
Où je noyais, plus tard, l'amour d'une héroïne,
Insensible à mon cœur, de ses charmes épris.

Laure, assise à ton bord, là-bas, sous les taillis
Contemplait le reflet de sa beauté divine
Dans l'onde, où je versais des pleurs sur la ruine
De mon espoir déçu, s'écroulant en débris.

Niémen, fleuve natal! Ton eau pure et limpide
Emporta loin de moi ma joie et mon bonheur,
Avec l'illusion, dans ton cours trop rapide.

Où sont-ils les élans passionnés du cœur?
Où donc est-elle Laure et son âme candide?
Tout passe : amis et temps... Eternel est mon pleur!..

6

A LAURE

Prête-moi, Poésie, un instant, ton pinceau !
Quand je rêve, inspiré, mon ardente pensée,
Dans le moule des mots, sous leurs verrous pressée,
Perd puissance et saveur, prise dans un étau.

L'imagination trace, en vain un tableau...
Laure est sourde à mes sons, insensible et glacée,
Comme une muse en pleurs, serait aux champs froissée
D'entendre le murmure incessant du ruisseau.

Le ton et la couleur, instruments du génie,
Même la plume agile, esclave du penseur,
Rendent mal mon idée, à l'amère ironie

De la fière beauté qui, reine de mon cœur,
Refuse à mes chansons la suave harmonie
De sa voix attrayante et pleine de douceur.

7

SUR LA MONTAGNE [1]

Que j'aime à contempler, du haut de l'Aïoudah,
Les flots de mer pressés, noirs comme du bitume,
Qui viennent se briser aux écueils blancs d'écume.
Calmes, ou déchaînés, sous l'œil de Jéhovah,

Ils montent à l'assaut, en mugissant : hourra !
Vont frapper les rochers, comme un marteau l'enclume,
Et délaissent la plage, en pleurant d'amertume,
Où perles et coraux brillent, par-ci, par-là.

Telle la passion du poëte en délire,
Au souffle de l'orage, embrase cœur et sens ;
Mais se calme, apaisée, aux doux sons de sa lyre.

De tendres souvenirs restent, seuls, dans ses chants
Qui vibrent, immortels, éclos sous leur empire,
Et s'écoulent en pleurs, dans l'espace et le temps.

---

[1] Ce sonnet, ainsi que les suivants, ont été composés en Crimée.

8

CALME EN MER

Le vent soulève à peine, au mât, la banderolle ;
L'eau, calme à la surface, a l'air mystérieux
D'une vierge qui rêve, entr'ouvrant ses doux yeux,
Soupire et se rendort, sans dire une parole.

A la vergue s'agite une voile frivole,
Sans pouvoir se gonfler à la brise des cieux;
Le navire se berce en place, gracieux;
Le marin se repose, et le chagrin s'envole.

Tu recèles, ô mer! dans ton gouffre profond,
La pieuvre qui durant l'orage, dort au fond,
Mais qui, lorsqu'il fait beau, dresse ses tentacules.

Le cerveau cache aussi des remords, des scrupules;
Les sombres ouragans les chassent loin du front;
Le repos les ramène aux cœurs purs et crédules.

9

LE PÈLERIN

A mes pieds resplendit la nature féconde;
Les cieux ont de l'éclat, les femmes des attraits;
Et pourtant, je languis après bois et marais
D'un pays éloigné qui m'est cher en ce monde.

O, ma Lithuanie! où la tristesse abonde!
Je préfère ta brume aux splendides palais,
Au soleil du Midi... Te verrai-je jamais?...
Errant, je rêve à toi, sur la terre et sur l'onde.

Je me sens attiré vers le foyer chéri
De mon Ange adoré, dont le charme invincible
Me poursuit en tous lieux, trouble mon cœur aigri;

Dieu! Puisse-t-elle au moins, n'être pas insensible
A ma dure souffrance, et, d'un œil attendri,
Pleurer le pauvre absent, dans son exil pénible.

10

RUINES DU CHATEAU DE BALAKLAVA

Châteaux forts de Crimée, autrefois, son orgueil !
Vous dominiez la mer, du sommet des collines :
Maintenant délabrés, vous tombez en ruines,
Pareils aux ossements d'un immense cercueil.

Des reptiles venimeux occupent votre seuil :
Les anciens écussons, les mitres, les hermines
Des nobles chevaliers, brisés, couverts d'épines,
Reposent, envahis par lierre et chèvrefeuil.

Les chefs-d'œuvre de Grèce décoraient vos portiques,
Les Génois, dans vos murs, renfermaient leurs trésors ;
Et les mouftis d'Islam y chantaient leurs cantiques.

Les vautours hantent, seuls, vos sombres corridors,
Et planent au dessus, emblèmes fatidiques,
Servant de noirs drapeaux à la cité des morts.

11

LA TEMPÊTE

Le gouvernail rompu, l'on cargue la voilure;
L'équipage entier lutte aux pompes, avec l'eau
Qui brise tout obstacle et remplit le vaisseau;
Un terrible chaos règne dans la nature.

Il tonne, il grêle, il pleut. Sans agrès, sans mâture,
Le navire ne peut résister au fléau;
S'abîmant toujours plus dans l'humide tombeau
Des vagues en fureur, il vogue à l'aventure.

L'un croit par la prière échapper à la mort;
Un autre prend congé de ses amis, en transes:
Mais tous, dans leurs tourments, rêvent encore au port.

Etendu sur le pont, j'enviais les souffrances
De celui qui, priant, veut conjurer le sort,
Ou trouve au moins à qui conter ses doléances.

12

BAGTCHÉSSARAÏ

Beau palais des sultans ! Harem, où se devine
La recherche du luxe et de la volupté,
Ou le *Khan* [1] abritait son pouvoir redouté,
Caressant dans ses bras, une esclave mutine !

Sur tes murs délabrés, croît la ronce et l'épine ;
Couleuvres et lézards s'y chauffent en été...
La nature sauvage étale sa beauté,
Burinant sur la pierre un mot fatal : Ruine !...

Et l'eau de la fontaine, au centre de la cour,
Jaillissant sur le marbre, en perles de rosée
Et diamants, paraît murmurer nuit et jour :

« Mon onde coule à flots, mais n'est pas épuisée,
Et survit aux exploits, au variable amour
Des Khans, à leur puissance écroulée et brisée. »

---

(1) Le chef ou sultan des Tatars de Crimée.

EXTRAITS DU POËME

LES AÏEUX — DZIADY

MYSTÈRE EN QUATRE PARTIES [1]

---

(1) J'ai adopté, la trouvant plus rationnelle, la division du poëme admise par M. Christien Ostrowski, le traducteur, en prose, des œuvres poétiques de Mickiewicz, bien qu'elle soit autre dans le texte original.

I

LES MARTYRS

DEUXIÈME SCÈNE DE LA SECONDE PARTIE

IMPROVISATION (MONOLOGUE)

CONRAD, *seul dans sa prison, en proie à une vision, après un long silence*

Seul, isolé ! N'importe. Ai-je besoin du monde ?
Comprendrait-il ma voix, quand elle pleure ou gronde ?
L'éclat mystérieux de son rayonnement ??...
La langue et la parole agissent vainement,
Ne sachant dévider le fil de ma pensée
Qui du cerveau s'écoule, abondante et pressée,
Avant de se figer dans le moule des mots ;
Ils serrent le torrent et recouvrent ses flots,

Tremblant, comme le sol sur une eau souterraine,
Sans laisser voir sa pente et sa marche incertaine.

>Comme le sang le corps,
>L'idée agite l'âme,
>Et l'embrase et l'enflamme,
>Sans paraître au dehors...

L'hymne vibre au dedans. La rougeur du visage
Trahit, seule, le chant qui du cœur se dégage
Et va luire et briller, comme un astre éclatant,
Dans l'espace infini, sonore et palpitant...

>L'œil humain n'ose suivre
>Sa voie aux cieux d'azur,
>Ebloui par son pur
>Rayon, qui fait revivre,
>Lumière et clarté,
>Dans l'immensité !

Les yeux mortels, les oreilles humaines,
Les vils calculs et les passions vaines.
>Comprennent mal mes chants...

Du firmament illuminez les cimes,
Coulez dans l'âme et ses profonds abîmes,
    Étoiles ou torrents !...
Allez à Dieu !... Remplissez la nature,
De sons divins, purs de toute souillure ;
    Portez-moi vers les cieux...
J'étends les mains, maître par mon génie,
Sur l'univers entier, dans l'harmonie
    Des tons mélodieux...

    Je fais vibrer les corps célestes,
    Comme des globes de cristal,
    Récitant les faits et les gestes
    Des champions de l'idéal ;
    J'active ou j'arrête leur course,
    Par la puissance des esprits,
    Et fais jaillir de leur source,
    Des milliers de sons infinis,
    Unissant les notes entre elles,
    Formant des accords merveilleux,
    Pareils aux gerbes d'étincelles,
    Aux éclairs, sillonnant les cieux...

Je retire les mains du clavier sans limites ;
Les ondes d'harmonie alors cessent leur cours ;
Les globes enflammés rentrent dans leurs orbites,
Et, m'écoutant, je chante pour moi seul et toujours.

  Mon chant, plaintif comme la brise,
  Pénètre au fond du cœur humain...
  Comme la tempête, il le brise,
  De la douleur écho lointain,
  Traversant les siècles, les âges,
  Perçant la brume et les nuages.
  Chaque ton résonne et reluit,
  Dans mon esprit, à mon oreille,
  Comme l'étoile dans la nuit...
  Il enthousiasme, émerveille,
  Vole au loin avec l'ouragan,
  Fend l'espace dans son élan...
  Chant sublime de la nature,
  Digne de la Divinité,
  Cri navrant de la créature
  Visant à l'immortalité.

Je la sens, je la crée, inspiré, dans mon âme...
Pouvez-vous faire mieux, Créateur, qu'on proclame

Le maître souverain de tout, dans l'univers?...
La pensée infinie, incarnée dans mes vers,
    Vole et se répand sur la terre,
    Versant des torrents de lumière;
    Accents prophétiques du ciel,
    Pur reflet du Verbe éternel.
    J'entends leur douce mélodie,
    Je m'enivre de leur beauté,
    Les suis, dans leur course hardie,
    Et les contemple, avec fierté.

    Vous m'appartenez, mes pensées,
    Étoiles, éclairs, tourbillons,
    Voix du cœur, par moi caressées,
    Traçant au ciel de clairs sillons;
    J'ai pour vous l'amour d'un père
    Pour son œuvre, bénie et chère...

Prophètes vénérés, poëtes conviés
A la gloire, au succès, je vous foule à mes pieds,
    Dans l'inspiration magique,
    Que me prête ma muse épique!
    Vos fronts rayonnants, étoilés,

L'encens des siècles écoulés,
Les échos de la renommée,
Votre vertu bien affirmée,
Vos mérites et vos qualités,
Prônés par l'histoire et vantés,
Vos couronnes, vos auréoles
Paraissent ternes et frivoles
En présence du vif éclat
Que projette mon œil en flamme,
De mon ravissement béat,
Quand je chante, seul, à mon âme.

Intelligent, sensible et fort,
Je puis tout tenter sans effort,
C'est mon zénith, c'est l'apogée
De ma puissance, dégagée
Des liens pesants de la chair.
Mon esprit verra, libre et fier,
S'il a déjà gravi la cime
De la gloire, franchi le seuil
De l'idéal, où s'il exprime
Seulement l'erreur de l'orgueil...

Nouveau Samson au pied de la colonne
Je sens ma force et mon cœur qui bouillonne ;
Je quitterai ce corps fait de limon,
Et revêtu des ailes de l'archange,
Je dompterai la matière et la fange,
L'heureux vainqueur du vice et du démon...

Les voilà ! Les voilà ! Je les ai, mes deux ailes !
Elles battent le vent de leurs plumes si frêles,
Les étendent au ciel, de l'aurore au couchant,
Ebranlant le passé de leur choc, et touchant
L'avenir radieux, où je monte et m'élève
Vers l'Arbitre divin qui régit tout, sans trêve.
Il absorbe, en son être, amour, force et savoir ;
Dans mon sublime essor, j'ose en face le voir,
Tout en laissant mon corps emprisonné sur terre,
Où mon cœur est saignant d'une blessure amère,
A l'aspect douloureux de ma patrie en deuil
Que j'aimais d'un amour sans fin, jusqu'au cercueil,
D'un amour surhumain qui ne repose pas
Sur un être exclusif, comme sur le lilas
L'insecte égoïste, aspirant son arome...

Je préfère à l'amante, aux parents sous leur chaume,
Au siècle, à l'univers, ma patrie en danger,
Que je veux de mon bras, défendre et protéger,
Lui rendre son éclat et son antique gloire,
Par le monde enviée, inscrite dans l'histoire.

J'espère les apprendre, ignorant les moyens
D'infuser une vie, immortelle en ses biens,
Au peuple opprimé, m'aidant de la science,
De la pensée humaine, en sa toute-puissance,
Qui ravit le tonnerre, arrêta le soleil,
Explora l'Océan et m'offre son conseil.
J'ai de plus une force innée, intérieure
Qui, pareille aux volcans, brûle au fond, à toute heure,
Et parfois apparaît, laissant couler du cœur
Ma parole enflammée, une lave brûlante
Qui répand sur le monde un flot noir de douleur,
Le couvrant d'un linceul, formé de cendre ardente.

  Je n'ai pas cueilli mon pouvoir
  A l'arbre de la connaissance
  Du mal et du bien, pour déchoir
  De l'Eden, par mon arrogance,

Etant chassé du paradis.
Ni les livres, ni les récits,
Ni la science et ses systèmes,
Ni la magie et ses problèmes
Ne me l'ont donné... C'est le fruit
D'une puissance créatrice
Qui, née en moi, se reproduit
Dans des actes, à mon caprice,
Et rend ma forte volonté
Pareille à la Divinité,
Aussi constante, invariable
Et d'origine inaltérable...

Mon œil en extase, voit tout,
Pénètre et commande partout.
Comme le vôtre, ô mon maitre!
Il perce, tue, et fait renaître;
Il arrête au vol, les oiseaux
Cinglant au ciel sur les nuages,
Et les retient dans des réseaux
Que ne brisent plus les orages...

  L'empire de mes yeux
  S'étend au fond des cieux :

Fixant une comète, avec toute mon âme,
Je retiens, dans son cours, sa longue traîne en flamme;
Seuls, les êtres humains,
Méchants, pervers et vains,
Refusent d'obéir à nos ordres suprêmes,
Aux vôtres, comme aux miens.
Je viens chercher au ciel, pour les réduire eux-mêmes,
D'invincibles moyens.

Ma puissance sur la nature,
Je veux l'avoir sur les mortels,
Commander à la créature
Ainsi qu'aux astres éternels;

Mais non par les armes,
Elles cèdent aux larmes;

Non par les chants,
Ils sont trop lents;

Non plus par la doctrine
Où l'erreur prédomine.

Faits merveilleux
Sont trop pompeux.

Je veux les gouverner par mon amour immense,
Ineffable, éternel comme la providence.

    Ils doivent à mon seul désir
    Mettre en action ma pensée,
    Et s'ils ne veulent la remplir,
    Qu'ils meurent l'ayant offensée...
    Qu'ils forment la trame et les sons
    De mes glorieuses chansons ;
    Qu'ils accourent à mon service,
    Pierres composant l'édifice
    Qui surgit soudain à ma voix,
    A l'exemple de votre croix.

J'ai compris votre idée et la parole sainte,
La proclamant au monde, en martyr et sans crainte.
Si j'avais le pouvoir de soulever les cœurs,
J'en formerais alors un seul peuple héroïque.
Dans mon œuvre, plus grand que Dieu même, mes chœurs
Du bonheur chanteraient l'universel cantique.
Accordez-moi, Seigneur, l'empire des esprits !
Je dédaigne celui des grandeurs de la terre,
Des biens matériels dont le monde est épris,

M'élevant au-dessus de la gloire éphémère ;
Mais je sens dans mon âme le pouvoir immortel,
Faisant, à mon désir, éteindre, ou luire au ciel,
Les astres lumineux qui roulent dans l'espace.
Oui ! J'ai par mon génie, et mon rang et ma place,
Comme être intelligent, esprit supérieur
Aux humains, mes pareils du monde extérieur,
Et je ne reconnais, dans la sphère céleste,
Que votre autorité divine et manifeste...
Je vous ai cherché, Dieu, sur notre globe en vain ;
Assis sur votre trône, au sein de la lumière,
Laissez-moi prendre aussi le pouvoir souverain.
Des élus et des saints la puissance sur terre
Se trouve en mon pouvoir ; mais je veux plus encor,
Guider âmes et cœurs vers vous, dans mon essor,
Avoir la puissance à la vôtre identique,
Et trouver la clef d'or du symbole mystique...

(*Après un long silence, avec ironie*)

Vous vous taisez, rayonnant nuit et jour,
Oh ! J'ai compris vos vertus, votre essence...
C'est par erreur qu'on vous appelle : *amour* ;
Votre nom n'est, vraiment, que : *sapience*.

Le cerveau peut trouver le grand Créateur ;
Mais il est dans la nue, impénétrable au cœur...

> On peut rechercher sa puissance,
> S'en approprier une part,
> Dans les livres de la science,
> Par calcul, génie, ou hasard,
> Décomposer foudre et lumière
> Utiliser flamme et vapeur,
> Voir l'être, la nature entière
> A travers un prisme trompeur...
> Le monde appartient à l'idée,
> Il est revêche au sentiment ;
> Mon âme, au ciel par lui guidée,
> Vit sur terre un seul moment.
> J'eus certe la plus courte vie ;
> Mais l'amour le plus grand au cœur,
> > Pour ma patrie
> > Dans sa douleur...

Qu'est-ce le sentiment? — Une pure étincelle [1].

---

[1] Je donne en regard la traduction, peut-être moins correcte, mais plus mélodieuse du même morceau, faite par M. Christian Ostrowski, in-

— Et la vie, ici bas? — Du temps une parcelle.
— Qu'est-ce aujourd'hui, la foudre, où l'éclair de demain?
— Une pure étincelle.
— Et les siècles passés, futurs du genre humain?
— Du temps une parcelle...

...érée dans sa traduction des *Œuvres poétiques de Mickiewicz* (Paris, chez Firmin Didot, cinquième édition, tome Ier, pages 225 et 226.)

— Qu'est-ce donc que l'amour, la divine parcelle?
— Une étincelle.
— Et qu'est la vie humaine en ce monde inconstant?
— Rien qu'un instant.
— Et l'éclair endormi que l'orage recèle?
— Une étincelle.
— Et les siècles passés dans l'histoire flottant?
— Rien qu'un instant.
— D'où vient ce corps fragile, où ma pensée excelle?
— D'une étincelle.
— Et quel doit-être un jour le trépas qui m'attend?
— Rien qu'un instant.
— Qu'est-ce que Dieu, le monde, et l'âme universelle?
— Une étincelle.
— Et que deviendront-ils, après la fin des temps?
— Quelques instants?...

Quel dommage qu'il n'ait pas traduit tout Mickiewicz en vers, comprenant parfaitement l'original et sachant si bien l'interpréter!

(Note du traducteur.)

— D'où vient l'homme lui-même, et son âme et son corps ?

— D'une pure étincelle.

— Et dans l'éternité, le jour où je m'endors ?

— Du temps une parcelle.

— Et la divinité, le Maître souverain ?

— Une pure étincelle.

— Du monde la durée et l'avenir prochain ?

— Du temps une parcelle...

(Voix de gauche)

Courons vite au galop,
A cheval sur son âme
Qui se révolte et blâme.
Courons vite ! Hop, hop !

(Voix de droite)

Sauvons l'âme avec zèle
De son impur limon,
Des griffes du démon
Portons-là sur notre aile.

CONRAD

Courage, à l'œuvre ! Evoquons l'avenir !...

Du temps simple parcelle,
Vive et pure étincelle,
Enflammez-vous ! Passez dans mon soupir !...
Démolissez, pour refaire le monde;
Faites surgir une force féconde.
Et maintenant, écoutez-moi, Seigneur
Que l'univers prie, adore et proclame
Son souverain ! Accordez à mon âme
Vos dons bénis, tout-puissant Créateur !...

Vous vous taisez... Pas de réponse...
Dans mon orgueil, je brise alors
Votre pouvoir, je vous l'annonce.
Ne méprisez pas mes efforts.
Je suis l'auguste mandataire
D'un noble peuple sur la terre;
J'ai des trônes pour alliés,
Des martyrs comme associés.
Si je vous déclare la guerre,
Je la ferai mieux que Satan,
Certe impuissant, dans sa colère,
Car l'esprit seul forgeait son plan;
Tandis qu'à moi, le cœur sert d'arme
Et voit tout crouler sous son charme...

J'ai souffert ; de l'amour j'ai connu les tourments.
Grandi dans la douleur, pur dans mes sentiments,
Onc je n'ai blasphémé ni Dieu ni la nature,
Etanchant de ma main le sang de ma blessure...

(Voix de gauche)

Je t'ouvre mon trésor,
Prends un rapide essor.

(Voix de droite)

Pauvre étoile filante
Qui roule en bas, brillante.

CONRAD

J'ai pris corps dans ma nation,
Je fais un avec ma patrie,
Et je m'appelle : *Million*,
Souffrant de toute la série
Des maux de mes concitoyens,
Leur cherchant appuis et soutiens.

J'ai bu le fond de leur calice,
Je saigne au cœur de leur supplice,

Comme une mère sent la faim
De l'enfant qu'elle porte au sein...
Et pendant que je délire
Que je supporte le martyre,
Vous êtes radieux
Et trônez dans les cieux,
Froid, superbe, insensible,
Mais toujours infaillible !...

Si la foi de l'enfance est une vérité,
Si vous avez vraiment amour et charité
Pour la création et pour la créature.
Protégeant l'être humain, au sein de la nature ;
Lui donnant au déluge, en gage désormais,
L'arc-en-ciel de Noé, symbole de la paix ;
Si la grâce d'alors n'est pas stérile et vaine,
Si l'amour est réel dans la famille humaine.
Un clair rayon du ciel, pas une exception
Qui s'envole avec l'âge, en pure illusion ;
S'il règne glorieux et remplace, à votre ordre,
Dans ce monde agité, le crime et le désordre ;
Si votre appui divin n'est pas trompeur et nul,
Et le bonheur sur terre, une erreur de calcul...

(Voix de gauche)

Pour qu'il fasse la guerre,
Prêtons-lui le tonnerre,
En avant! feu,
Sur le saint lieu!...

(Voix de droite)

Infortuné poëte,
Vagabonde comète
Qui brave le destin,
Errant toujours... sans fin...

CONRAD

Vous gardez le silence... Esprit! je vous conjure,
Donnez-moi la puissance, une parcelle obscure
De vos dons merveilleux accordés à l'orgueil
De vos rares élus, admis à votre seuil!
Je l'aurais employée à répandre sur terre
Joie et félicité!... Quoi!... Sourd à ma prière
Vous restez inflexible! Ecoutez ma raison
Du moins, sinon mon cœur. Ouvrez-moi l'horizon,
Car je suis le premier des hommes, des génies
Qui des cieux ont chanté les saintes harmonies,

Mieux que les anges même et que les Chérubins,
J'ai droit par mon mérite à vos pouvoirs divins...

  Si ce que je dis et je songe
  N'est que tromperie et mensonge,
  Prouvez-le moi... Calme et muet,
  Vous gardez votre grand secret,
  Me laissant errer dans la brume...
  Sachez donc que l'amour consume
  La plus puissante volonté,
  Au feu de son activité,
  Là même, où n'atteint pas l'idée...
  Mon âme par l'amour guidée,
  Rougit à son foyer ardent,
  Perce tout obstacle, en fendant
  L'air et le ciel, comme la bombe
  Du canon destructeur qui tombe,
  Tue, écrase et fait éclater
  Tout objet qu'elle vient heurter...

   (Voix de gauche)

  Allons! feu de vos armes!...

(Voix de droite)

Pitié! Grâce à ses larmes!...

CONRAD

Répondez : ou j'ébranlerai
Votre puissance créatrice,
De mon souffle la ternirai,
En ruinant votre édifice,
Sonnant aux peuples le tocsin...
Dans les siècles, jusqu'à la fin
Ma voix retentira sur terre...
Je crîrai, dans mon cauchemar,
Que vous êtes, Dieu, non le Père
Du monde créé...

(Voix de Lucifer)

Mais son Tsar!...

(Conrad chancelle un instant, s'évanouit et tombe)

II

FRAGMENTS DU CHANT : RUSSIE

1

AUX RUSSES, MES AMIS

Suis-je encor présent à votre souvenir?
Quand je songe à la mort, au martyre, aux souffrances
De mes amis absents, certe, il me plaît d'unir
Vos traits, bien qu'étrangers, à mes réminiscences.

L'un de vous, que j'aimais (1), est mort sur le gibet,
Couronné des lauriers qui parent les poëtes,

---

(1) *Ryléieff*, un des chefs de la conspiration contre le Tsar Nicolas, l'année 1826.

Condamné par le Tsar et son inique arrêt...
Malheur aux nations, bourreaux de leurs prophètes!

La main, que je serrais, d'un illustre guerrier [1],
Eminent écrivain, creuse au fond d'une mine
Et presse, dans les fers, celle de l'ouvrier,
Son compagnon d'exil, de sarmate origine.

D'autres encore ont eu peut-être un pire sort :
Souillés par les faveurs du Tsar et par ses grâces.
Ils rampent bassement, tremblent à son abord,
Intriguent pour avoir distinctions et places.

Tel prône son pouvoir, en courtisan vénal,
Nargue d'anciens amis qui marchent au supplice,
Boit les pleurs et le sang de mon pays natal,
Et tire vanité de son zèle au service...

Si mon chant vous parvient, par la brise emporté,
D'un pays libre et fier de sa gloire si belle,

---

[1] *Bestoujeff*, condamné pour le même complot aux travaux forcés en Sibérie, connu dans la littérature russe, sous le pseudonyme de Marlinski.

Puisse-t-il annoncer chez vous la liberté,
Comme le clair prinptemps, prédit par l'hirondelle.

Vous me reconnaîtrez aux sons... Dans les liens,
Glissant, comme un serpent, je leurrais le despote ;
Mais fidèle au malheur, j'ai toujours dit aux miens
Les secrets de mon cœur, les désirs de l'ilote.

Je répands aujourd'hui la coupe des douleurs ;
Ma parole est brûlante et pleine d'amertume,
Puisée au sein flétri de ma patrie en pleurs...
Périssent, non vos cœurs, mais vos fers par ma plume !

Si l'un de vous m'accuse, heureux sur son fumier,
Je n'aurai que mépris pour sa voix de crécelle,
Défi de chien hargneux qui, fier de son collier,
Déchire, en aboyant, son sauveur qui l'appelle...

2

PÉTERSBOURG

Aux temps anciens de Rome et de la Grèce antique,
Les peuples se groupaient autour d'un grand portique,
Près d'une source vive et des bosquets sacrés,
Ou contre l'ennemi, sur des monts vénérés.
S'élevèrent ainsi : Sparte, Athènes et Rome.
Au moyen âge, on vit le fief d'un gentilhomme,
Duc, margrave ou baron, se couvrir de maisons
A l'abri des castels et de leurs garnisons,
Sur le cours sinueux des fleuves navigables,
Où les villes croissaient, aux vaisseaux abordables,
Sous la protection d'une divinité,
D'un chef, ou du commerce en pleine activité.
Mais la ville de Pierre eut une autre origine :
Construite par caprice et sous la discipline
Du grand Tsar obstiné qui le voulut ainsi,
Pour montrer sa puissance, et n'ayant nul souci
Des obstacles à vaincre et de la vie humaine,
Prodiguée à plaisir, et tenue à la chaîne,

Sous un ciel inclément, sur un terrain ingrat,
N'offrant ni blés, ni fruits, humide, inculte et plat,
Et disputé sans cesse à la mer orageuse,
Sous une latitude et glaciale et brumeuse :
Triomphe du despote et de sa volonté,
Inflexible et cruelle, en son autorité...

Dans des marais boisés, dans le sable mobile,
On enfonce, à grands frais, cent mille pilotis,
Enfouis sur son ordre, avec plus de cent mille
Cadavres de sujets, morts dans les abatis ;
Corps et pieux entassés, forment un sol solide,
Sur lequel de nouveaux et nombreux ouvriers
Élèvent des palais pour le Tsar, qui préside
Lui-même au dur travail, envoyant des milliers
De vaisseaux chercher, loin en mer, marbre et porphyre,
Pour orner le logis du maître de l'empire.

Il imite avec art les places de Paris,
Les digues d'Amsterdam, qu'il vit dans ses voyages,
Les monuments de Rome aux arcs d'un goût exquis,
Les canaux de Venise, aux splendides rivages,
Aux gondoles en deuil qui passent sous les ponts,

Et les reproduit tous, ici, sur ces bas-fonds,
Moins l'animation, le doux charme et la vie,
Que de grands souvenirs prêtent à leur patrie.
Une légende nomme, en son naïf récit,
Rome une œuvre de l'homme, et Venise, la belle,
Un divin don des dieux ; à ce titre, j'appelle
Pétersbourg, du démon un ouvrage maudit...

En ville, entre deux murs uniformes, les rues
Aboutissent au fleuve, en rayonnant vers lui,
Comme des défilés... Les maisons, contiguës
L'une à l'autre, ayant toit pareil et même étui,
Comme une armée en ligne et de neuf habillée,
Unissent brique et marbre à l'argile, émaillée
D'adresses en relief, dont le bizarre appel
Polyglotte fait croire à la tour de Babel.

Exemple : « Ici demeure Achmet, prince Kirghise,
Secrétaire d'État, sénateur polonais. »
Ou bien : « Maître Joco, professeur d'analyse,
D'accent parisien, cuisinier au palais
Impérial, trombone, inspecteur des écoles. »
Plus loin : « L'Italien Caraffa vend des fioles

D'élixir de parfait amour,
Enseigne encore aux jeunes filles
D'un pensionnat de la cour,
Toutes des meilleures familles,
Les beaux-arts ; donne des leçons,
Prépare aussi des saucissons. »

Autre encor : « Au premier demeure
Le révérend *Dièner* (1), pasteur
Et chevalier, prêche à toute heure,
L'obéissance à l'Empereur,
Le chef et souverain pontife
De tous ses vassaux et sujets,
L'oint du Seigneur, pape et calife ;
Qu'il faut respecter ses décrets
Et vénérer le grand Tsar Russe
Et son cousin le roi de Prusse ;
Il invite les protestants,
Luthériens et calvinistes,
Tous les réformés et croyants,

---

(1) Nom allemand qui signifie serviteur. Faites sonner le *r* final et ne prononcez pas le premier *e* qui ne sert qu'à prolonger le son de la voyelle, *i*.

Sociniens, anabaptistes,
A ne faire par l'union,
Qu'une seule communion,
Et vivre en paix, en adorant
L'autocrate pieux et grand. »

Encore : « Atours pour dames
Et costumes. — Jouets
D'enfants. — Romans et drames. »
A côté : « *Knouts et fouets.* »

Berlines et landaux sillonnent l'avenue
Qui mène à la Néva, glissant sur leurs patins,
Avec l'agilité des changements à vue,
Comme une vision de fantasques lutins.
Au haut d'un phaéton, trône un gros cocher ivre ;
Sa barbe et ses habits sont saupoudrés de givre ;
Il tient le fouet en main. De tout jeunes garçons
Trottent, juchés sur l'un des chevaux de volée,
Et dispersent la foule à leurs cris de bichons.
Un essaim de traîneaux, sur la neige gelée,
Fuit devant un carrosse, au moins rapide élan,
Comme des canetons à l'aspect du milan ;

Les piétons sont crispés par le froid et la bise ;
Teints blêmes, yeux voilés, recherchés dans leur mise
Ils marchent, secouant les bras, pris de torpeur,
Et lancent de la bouche un blanc jet de vapeur
Qui s'élève dans l'air, colonne de fumée
Flottant sur les flâneurs, et paraît animée... [1]

Le cortége s'avance, au pas des gros magots,
Comme en procession, les jours de grande fête,
Ou comme les glaçons, charriés par les flots.
Insensibles au froid, ils relèvent la tête
De leurs cols en castor, zibeline, ou renard,
Pour tâcher d'attirer un bienveillant regard
De l'auguste Empereur qui fait sa promenade,
Daignant parfois sourire au beau monde en parade,
Gonflé de vanité, qui défile à ses yeux,
Se découvre et se courbe à terre, tout heureux
De voir l'Impératrice et sa cour, dans la foule ;
Celle-ci la salue, émue, et puis s'écoule...
Princesses, maréchaux, ministres, chambellans

---

[1] La vapeur, produite par la respiration, s'exhale en hiver, sous la forme d'une colonne, longue parfois de plusieurs mètres.

Et pages, se suivant dans une longue file,
Paraissent, comme au jeu, composer des brelans
De dames, de valets et d'as, foule servile
De cartes, de couleur rouge ou noire, carreau,
Pique ou cœur, et forment un éclatant tableau
Sur les quais de granit à luisante surface,
Sur les larges trottoirs, unis comme une glace.
Les maîtres de la cour brillent au premier rang ;
L'un d'eux, enveloppé d'une riche fourrure,
L'entr'ouvre, pour montrer l'ordre de l'aigle blanc
Et son grand cordon bleu, tombant à la ceinture ;
Il s'expose aux frimas, pour faire voir ses croix,
Et marche lentement, à cause du lourd poids
De son obésité, pareil au scarabée
Qui se sent attiré par l'ordure exhibée...

Plus loin, les officiers et les gardes du corps,
Esclaves de la mode, élégants sans efforts,
Minces comme une guêpe, étranglés à la taille,
Héros à la revue et non à la bataille...
Les employés civils marchent, le dos voûté,
Le regard terne, oblique et plein d'avidité ;
Vicieux, ils vendraient l'empire pour un rouble,

Intrigants et retors, ils pêchent dans l'eau trouble,
Cherchant à deviner le favori du jour,
Pour lui faire humblement, en vils flatteurs, la cour.

Les dames en chapeaux de velours et pelisses
Arrivés de Paris, au gré de leurs caprices,
Essaim de papillons joliment bigarrés,
Se plaisent à montrer leurs petits pieds serrés
Dans des souliers, garnis d'une belle fourrure,
Et contemplent le Tsar, le rouge à la figure.
Prêtes à se jeter ardemment dans ses bras,
A livrer leur vertu, sans honte, et leurs appas...
Mais la cour se retire et la fête est finie;
Les traîneaux, qui suivaient la belle compagnie,
Comme en mer, les bateaux escortent les nageurs,
S'approchent aussitôt, à l'ordre des seigneurs
Qui s'esquivent, fendant l'air à perte de vue,
Et laissent les piétons attardés dans la rue.
Ceux-ci rentrent enfin, tout gelés, au logis ;
Toussant et grelottant de fièvre, ils sont ravis
D'avoir vu l'Empereur, les grands-ducs, la Tsarine
Dont l'aspect merveilleux les touche et les fascine.

Des passants, étrangers, différents et d'habits
Et de traits, regardaient la foule avec mépris.
Examinant la ville, aux décors pittoresques,
Ils fixaient leurs regards sur ses murs gigantesques
De granit et de fer, avec anxiété,
Calculant leur durée et leur solidité.

Ils penchaient tristement, dans leurs rêves, la tête,
Voyant, qu'ils tiendraient bon, longtemps, à la tempête
Qui soulève les flots et les hommes, parfois,
Contre le joug du Tsar et son grand mur chinois.

De douze qu'ils étaient, resta là, solitaire,
Rien qu'un seul pèlerin, rêvant au sort contraire ;
Il médita longtemps, sourit amèrement,
Leva les poings au ciel, dans son emportement,
Et les fit retomber, frappant, dans sa colère,
Les durs blocs de granit de la ville de Pierre.
Comtemplant le palais immense, impérial,
Ses yeux lançaient des dards sur cet antre infernal,
Et, pareil à Samson, dans les liens tout blême,
Méditant sa vengeance, au pied du grand pilier,
Et la mort des Gentils, il pria l'Etre suprême,
De lui venir en aide, en brisant son collier.

Une ombre s'étendit sur son front immobile.
Blanc comme le linceul qu'abrite le cercueil,
Quand il songea, pensif, à son effort stérile
De ravir à la mort sa patrie, son orgueil...
Et la nuit recouvrit d'un voile son visage,
Avant d'envelopper le sombre paysage.

Vis-à-vis, dans la rue, en face, à l'autre bord,
Un homme sérieux, mais d'un aimable abord,
Se tient grave, à son seuil. Habitant de la ville,
Il distribue aumône et conseils et doux soins
Aux pauvres, aux souffrants, près de son domicile:
Puis, ayant soulagé les plus pressants besoins,
Il salue, en ami, ses clients misérables
Et se dirige aussi vers les quais de granit,
Tenant sa bourse ouverte aux pauvres, ses semblables,
A tous les malheureux que secourt son esprit
Vraiment supérieur, dans sa douce indulgence,
Au courroux impuissant du morne pèlerin...
Il lève au ciel les mains, implorant sa clémence
Pour les riches sans cœur, et le pauvre orphelin.
Il a le bon regard de l'ange au purgatoire,
Qui voudrait alléger la peine expiatoire,

Voyant sa nation supporter les douleurs
D'un martyre sanglant, dont la fin éloignée
Est encore invisible aux victimes en pleurs
Qui, dans leur désespoir, tombent sous la cognée,
Avant que n'apparaisse, un jour, la liberté,
Dans le monde ébloui par sa vive clarté...
Il s'appuie, en pleurant, au quai de la rivière;
Les larmes de pitié, qui mouillent sa paupière,
Lui forment dans le ciel un précieux trésor
De grâces qu'il ira cueillir dans son essor [1].

Les deux passants, plongés dans leur sombres pensées,
Rêvaient, seuls, à l'écart, à leurs amours froissées,
Au culte qu'ils avaient pour leur patrie en deuil,
Lorsqu'en se rapprochant, ils se virent l'un l'autre.
L'habitant de la ville, alors, fit un accueil
Gracieux au poëte et dit, en bon apôtre :
« Je vous vois sur la route errant, triste, étranger
Peut-être à la cité... Je voudrais soulager
Vos peines, vos soucis, votre grande infortune...

---

[1] Il est question ici d'un peintre polonais Oleszkiewicz, renommé à Saint-Pétersbourg pour ses vertus, sa science profonde et ses mystérieuses prophéties, mort en 1830 (Supposition du traducteur).

Veuillez ne pas trouver ma démarche importune ;
Polonais et chrétien, j'aime à glorifier
Mon pays, son blason : l'aigle et le cavalier. » [1]

Le poëte, absorbé par l'âpre rêverie,
S'en alla, sans répondre au cri de la patrie
Qui résonnait au cœur d'un homme généreux.
Il regrette à présent, isolé, malheureux,
D'avoir mal accueilli l'avance bienveillante
De son compatriote.. Il le reconnaîtra
Au tendre élan de l'âme, à sa voix si vibrante,
A ses soins fraternels, quand il le rencontra,
Bien qu'il n'ait plus présents les traits de son visage.
Peut-être, n'était-il, qu'un rêve, qu'un nuage?...

---

(1) Un aigle blanc sur champ de gueules et un cavalier sur champ d'azur sont les armes réunies de la Pologne et de la Lithuanie.

3

MONUMENT DE PIERRE LE GRAND

Deux jeunes gens, un soir, que du ciel tombait l'eau,
Se tenaient abrités sous le même manteau ;
L'un venait de Pologne, innocente victime
Du pouvoir absolu qui punit et comprime
Le moindre élan du cœur ; l'autre était, dans le nord,
Un poëte célèbre et Russe de naissance [1].
A la première vue et, resonnant d'accord,
Leurs cœurs furent unis dans la même espérance ;
Leurs âmes, sœurs, planaient dans les cieux azurés,
Libres des préjugés et des passions vaines,
Pareilles aux sommets, par l'onde séparés
D'un torrent furieux qui ravage les plaines,
Et bouillonne à leur base, entre les pics alpins,
Sans altérer leurs fronts splendides et hautains

---

[1] Alexandre Pouchkine, le plus grand poëte de la Russie. Il fut tué en duel, par un Français, Dantès, officier russe, qui se nomma plus tard baron d'Heckereen et fut sénateur du second empire français.

Qui se dressent en paix aux régions sublimes,
Où le génie humain rayonne sur les cimes.

Le pèlerin rêvait, voyant avec dépit,
Le monument équestre admiré par le monde,
Et les mots burinés sur la base en granit :

« *Au Tsar Pierre premier Catherine seconde.* »

Son compagnon lui dit : « L'artiste, en le créant,
Fit couler du creuset le bronze du géant,
Assis sur son cheval et pareil au Centaure.
Avant de le poser à l'endroit qu'il décore,
On alla chercher loin, au-delà de la mer,
Aux bords de la Finlande, un bloc de roche immense,
Pouvant servir de socle au monarque de fer,
Trop à l'étroit chez lui, dans sa toute-puissance,
Devant fouler le sol conquis sur l'étranger ;
Et l'énorme rocher dut alors voyager
Sur terre et sur l'eau, pour venir prendre place,
Au gré de la Tsarine, et supporter le Tsar
Dont le regard foudroie, et le geste menace,
Dans sa toge romaine, empruntée à César ;
Le coursier, plein d'ardeur, bondit sur la colline

De pierre et, se cabrant, fend l'air de sa poitrine,
S'élançant dans l'espace et le gouffre des ans...

« Tout autre est le maintien de Marc-Aurèle à Rome,
Le bien-aimé du peuple, illustre de son temps
Par ses rares vertus, philosophe et grand homme!...
Après avoir chassé de l'empire romain
Les Scythes, les Germains, en Thrace et sur le Rhin,
Et rétabli la loi, sans vaine gloriole,
Il revient, en triomphe, et calme au Capitole.
Digne et victorieux, le front ceint de lauriers,
Il pense à soulager le sort des ouvriers,
A répandre le bonheur, la paix et la justice,
Dans ses vastes États, supprimant la police
Et ses vils délateurs. Il élève une main
Pour saluer le peuple, en clément souverain,
Et de l'autre, il réprime et retient de la bride,
Par la foule entouré, son beau coursier numide.
On devine et croit voir le public réuni
Acclamer l'Empereur et son père béni.
Celui-ci, noble et fier, dans sa mâle attitude,
Va lentement, au sein de cette multitude ;
Son cheval plein d'ardeur, le feu dans les naseaux,

Et l'éclair dans les yeux, hérisse sa crinière,
Tout heureux de porter le plus cher des fardeaux,
Le souverain aimé, le bienfaiteur, le père
De millions d'enfants. Il modère son pas
Et les laisse approcher, dans leurs joyeux ébats,
Sachant, qu'il mène aux cieux le César populaire
Dont l'immortalité couronne la carrière...

« Mais le Tsar Pierre laisse en liberté le mors
De son cheval fougueux qui foule sans remords
Tous les pauvres humains, rencontrés sur la voie ;
Parvenu sur la crête, il hennit, il flamboie,
Tout prêt à se ruer dans l'espace, d'un bond...
Il est, depuis des ans, suspendu sur l'abîme,
Sans y tomber pourtant et se briser, au fond.
Telle une chute d'eau, suspendue à la cime
De rocs couverts de neige, est changée en cristal,
Par la bise du nord et son souffle glacial ;
Mais luise le soleil, à lumière infinie,
Ou le jour radieux, brillant de liberté,
Sur terre périra l'affreuse tyrannie,
Comme la glace fond aux rayons de l'été. »

III

LE PRESBYTÈRE

CHANT QUATRIÈME

Habitation du prêtre.— Sur la table le repas du soir non encore desservi et deux bougies. — Une lampe brûle devant l'image de la sainte Vierge. — On entend le tic-tac d'une horloge pendue à la muraille.

LE PRÊTRE, UN PÈLERIN, DES ENFANTS

LE PRÊTRE

Levons-nous, mes enfants, de table.
A genoux, remercions bien
De tout cœur, le Père adorable
Pour notre pain quotidien.

L'église fête la mémoire
— Priant aujourd'hui le Seigneur
Pour les âmes du purgatoire —
Des morts en proie à la douleur ;
Invoquons tous les saints et l'Ange
Gardien, à leur intention !

(*Lisant*)

« Grâce et pitié ! »

Quel bruit étrange ?...

(*Entre un pèlerin vêtu d'une manière bizarre*)

LES ENFANTS

Grand Dieu !

LE PRÊTRE

Quelle apparition !

(*Troublé*)

Votre nom ? Votre raison d'être ?

LES ENFANTS

Esprit, fantôme, ou revenant,
Jésus ! faites-le disparaître !

LE PRÊTRE

Répondez-moi... C'est étonnant!

LE PÈLERIN, *lentement et tristement*

Je suis un corps sans vie... une ombre...

LES ENFANTS

Un mort? Seigneur protégez-nous!

LE PÈLERIN

Je suis vivant, mais triste et sombre...
Un pèlerin... M'entendez-vous?...

LE PRÊTRE

Dites ; quelle est votre patrie?
Votre état? Votre confrérie?...
Vers quels lieux guidez-vous vos pas?
Vous paraissez infirme et las!
Il me semble avoir vu déjà votre visage,
Pourquoi venir si tard? dans quel but? quel dessein?

LE PÈLERIN

Oui, je fus en effet ici dans mon jeune âge,
Bien avant mon malheur, dans un passé lointain.

A quoi bon le savoir, le nom de ma famille !...
Le vieux sonneur, frappant le glas des trépassés,
Dit au peuple assemblé qui s'informe et babille :

(*Contrefaisant le vieux bonhomme*)

« Curiosité vaine ! A genoux et priez. »
Egalement aussi je suis mort pour la terre ;
Sans me questionner, dites une prière,
Je ne saurais encor révéler mon secret :
J'arrive de bien loin et je suis dans le doute,
Est-ce le ciel, ou l'enfer ?... J'y retourne inquiet,
Si vous pouvez, mon père, indiquez-moi la route.

LE PRÊTRE, *avec un doux sourire*

Je ne puis enseigner le chemin de la mort,

(*Familièrement*)

Et me borne à montrer les erreurs décevantes.

LE PÈLERIN, *avec un sentiment d'envie*

Dans ce paisible abri vous restez calme, au port,
Quand le monde se livre aux discordes sanglantes...
Périssent les amants, croulent les nations,
Vous restez impassible aux révolutions,

Assis au coin du feu, tandis que mon partage
Est d'errer, affrontant la tourmente et l'orage.

Entendez-vous comme il tonne dans l'air
Illuminé par la foudre et l'éclair?

(Regardant tout autour de lui)

(1) La vie est douce, en sa propre demeure,
 A l'homme calme, exempt de passion!
 Il a la part, ici-bas, la meilleure,
 Vivant chez lui, maître en ses actions.

(Chantant)

(2) Viens ma belle dans ma chaumière,
 Quitte ton splendide palais,
 Pour jouir d'un amour sincère
 Qui nous offre bonheur et paix.
 L'oiseau chantant dans le bocage.
 La fleur s'ouvrant au doux zéphyr.
 Nous invitent, à l'hermitage,
 A goûter le même plaisir...

---

(1) Chant populaire.
(2) Imité de Schiller.

LE PRÊTRE

Vous semblez envier ma modeste retraite ;
Si vous êtes mouillé, chauffez-vous à mon feu ;
Acceptez un abri contre vent et tempête.

LE PÈLERIN

Me chauffer ? Bon conseil que je trouve en ce lieu.

(Il chante en indiquant sa poitrine)

>Ignores-tu, quelle flamme
>Ronge et dévore mon âme,
>Brûlant toujours?...
>Je mets en vain neige ou glace,
>Et l'appelle à mon secours ;
>En vapeur changeant sur place,
>Elle se fond sur mon cœur,
>Brûlant encore,
>Prête à fondre, avec ardeur.
>Grès, pierre ou métal sonore :

(Désignant la cheminée)

>Brasier terrible en son cours
>Brûlant toujours...

LE PRÊTRE, *à part*

Il ne m'écoute pas, tout épris de son rêve...

(Au pèlerin)

Vous paraissez saisi par la faim et le froid;
Reposez-vous ici. Vous avez dû, sans trêve,
Faire une longue marche, arrivant sous mon toit.

LE PÈLERIN

Du ciel ou de l'enfer j'accours en toute hâte,
Désirant revenir dans ma patrie ingrate;
Certe, à cette heure, au lieu de mon signalement,
Laissez-moi vous donner un avertissement.

LE PRETRE

Bien.

(A part)

Il faut, je le vois, prendre une autre manière.

LE PÈLERIN

Montrez-moi, s'il se peut, le chemin de la mort.

LE PRÊTRE

Je veux être avec vous obligeant et sincère;
A votre âge mon cher, quel que soit votre sort,
Le chemin est bien long, qui conduit à la tombe...

LE PÈLERIN, *confondu, se parlant à lui-même*

J'ai donc couru bien vite, avant que je ne tombe...

LE PRÊTRE

Je vous trouve, en effet, chancelant et brisé ;
Je m'en vais apporter de quoi manger et boire.

LE PELERIN, *de plus en plus égaré.*

Et puis nous partirons...

LE PRÊTRE, *souriant.*

Tout sera disposé.

C'est bien, n'est-ce pas?

LE PÈLERIN

Oui.

LE PRETRE, *s'adressant aux enfants.*

Je vais au réfectoire.
Chercher de quoi nourrir notre hôte bienvenu :
En mon absence, enfants, amusez l'inconnu.

(Il sort).

UN DES ENFANTS, *examinant le pèlerin*

Dans quel but avez-vous l'habillement bizarre
De brigand ou d'esprit, dont parlent les conteurs?

Sale habit rapiécé qui vous couvre et dépare,
Des feuilles sur le front, comme en portent les acteurs?
  Joli satin et toile usée,

(Apercevant le poignard que cache aussitôt le pélerin)

  En sautoir métal luisant,
  Breloques dignes de risée;
   Ha, ha, ha, ha...
  Chapelet, relique et rosaire
  Vous donnent l'air drôle, plaisant,
  Du diable qui lit le bréviaire ;
   Ha, ha, ha, ha...

LE PÈLERIN, *se levant brusquement, il a l'air de se souvenir.*

Ne riez pas, enfants, de ma pauvre guenille,
Ecoutez-moi : jadis, je vis femme gentille,
Comme moi malheureuse et du même motif ;
Elle était en haillons, des feuilles sur la tête ;
Dès qu'elle vint en ville, un public agressif
La poursuit de ses cris malveillants, et l'arrête.
  La foule, à tout moment, s'accroît,
   Rit, vocifère et crie,
   Sottement l'injurie,

Se moque et la montre du doigt.
Je ris aussi, je me rappelle,
Le bon Dieu m'en punit !
C'était, l'on voit, écrit,
Que je me vêtirais, comme elle !
Je ne pouvais certes prévoir,
Dans mon bonheur immense.
La cruelle souffrance
Qui m'accablerait sans espoir !...

(*Chantant*)

« Sans l'amour la vie est facile
« Le jour serein, la nuit tranquille ! »

Le prêtre rentre, apportant du vin et une assiette.

LE PÈLERIN, *avec une gaîté d'emprunt*

Mon père, aimez-vous les tristes chansons ?

LE PRÊTRE

Elles m'ont vibré, souvent, à l'oreille,
Envoyant au cœur leurs douloureux sons ;
Mais demain sera meilleur que la veille !

LE PÈLERIN, *chantant.*

(1) « J'arrive avec transport,
　　Et la quitte avec effort... »
　　Simple chanson vulgaire,
　　Mais leçon salutaire.

LE PRETRE

A plus tard! Débouchons le vin;

LE PÈLERIN

Oh! vous trouverez sur vélin,
Dans les romans du jour, de plus fines pensées...

(*Souriant et choisissant des livres dans l'armoire*)

Héloïse, Abélard... amants infortunés!
Les Malheurs de Werther et ses larmes versées,
Du sombre désespoir accents passionnés!

(*Chantant*)

(2) Je souffre trop de ma blessure;
　　La mort seule me guérira;
　　Si mon amour fut sans mesure,
　　Ce tort, mon sang le lavera!...

(*Il tire un poignard*)

---

(1) Chant populaire.
(2) Imité de Goethe.

LE PRETRE, *retirant son bras.*

Holà, jeune insensé! Que vois-je? Est-ce possible?
Rendez-moi le poignard... Desserrez votre main...
Dans un chrétien, grand Dieu! quelle pensée horrible!
Connais-tu l'Évangile?

        LE PÈLERIN

           Et toi le cœur humain?

      (*Il cache son arme. A part*)

Le temps n'est pas venu de rompre mes misères.

      (*Regardant le cadran de l'horloge*)

L'horloge sonne neuf, et brûlent trois lumières.
      Délicieux souvenir
        Qui réveille mon désir...

        (*Recommençant à chanter*)

    Mon cœur saigne d'une blessure
    Que la mort seule guérira!
    Si mon amour fut sans mesure,
    Ce tort, mon sang le lavera.
    Séduit par sa grâce innocente,
    Ravi par son regard si beau,
    Je choisis une seule amante...
    Elle est rivée à son anneau!...

Si vous aviez de Goethe entendu la romance,
Enlevée, avec art, par sa splendide voix !...
Mais ça n'a nul attrait pour votre cœur, j'y pense,
Adonné maintenant au chemin de la croix...

(*Passant les livres en revue*)

Vous avez là, des livres bien profanes,
Pleins de danger, pour des gens en soutanes...

(*Il rejette un livre*)

Délices du jeune âge et tableaux gracieux !...
Ils ont fait dévier mes ailes vers les cieux,
M'empêchant d'abaisser mon essor sur la terre...
Epris d'un être en rêve, amant de l'idéal,
Méprisant tout produit, fait de vile matière,
Dédaignant les beautés de ce monde trivial,
Je fus à la recherche, au ciel, de mon amante,
Créature éthérée, incomprise ici-bas,
Produite en un accès de fièvre délirante,
Dévoilant à l'esprit de sublimes appas,
Tels qu'on n'en trouve plus, dans la nature humaine.

Remontant du présent aux siècles écoulés,
L'imagination de héros toute pleine,

Je parcourais, ému, les mondes étoilés...
Ne pouvant incarner mon rêve ou ma chimère
Dans cette course errante, au pays inconnus,
Je voulus me livrer à la joie éphémère
Des plaisirs de la chair, par les sens obtenus ;
Mais avant de tomber dans une fange impure,
Je vis l'Etre éclatant, l'ange auquel j'aspirais,
Je vis mon idéal, trésor de la nature,
Et, l'ayant retrouvé, le perdis à jamais !

LE PRÊTRE

Je déplore en ami, votre douleur immense.
N'est-il pas un moyen de calmer la souffrance?
Depuis quand dure-t-il, votre mal inouï?

LE PÈLERIN

Quel mal ?

LE PRÊTRE

Quand tout espoir s'est-il évanoui?

LE PÈLERIN

La cause du malheur, j'ai promis de la taire;
Un autre la dira... J'ai, là, mon compagnon
Qui fait route avec moi, partage ma misère.

(Regardant de tous côtés)

Qu'il fait bon d'être ici, chez vous, dans ce salon,
Lorsque hurle et sévit, tout autour, la tempête !
Mon pauvre compagnon est transi sur le seuil :
Permettez-lui d'entrer ; agréez ma requête ;
Daignez sous votre toit, lui faire bon accueil !

LE PRÊTRE

Je n'ai jamais fermé la porte à l'infortune :

LE PÈLERIN

Je cours lui répéter notre faveur commune.

(Il sort).

UN ENFANT

Ta ra ta plan ! Il est dehors !
Il parle, s'agite, et divague...
Quel accoutrement sur le corps !
Ta ra ta plan... La bonne blague !

LE PRÊTRE

Celui qui rit des pleurs, en répandra demain.
Ne vous moquez donc pas de ce pauvre être humain ;
Il est souffrant.

LES ENFANTS

Il a pourtant très bon visage.

LE PRÊTRE

Dans un corps bien portant, il est malade au cœur...

LE PÈLERIN, *apportant une branche de sapin.*

Viens, mon frère, ici, viens !

LE PRÊTRE. *aux enfants*

La raison déménage.

LE PÈLERIN, *à la branche de sapin*

Viens cher ami ; le prêtre est bon ; n'ayons pas peur ;

LES ENFANTS

Notre père, voyez. Il tient tout une branche
De sapin à la main... On direz un bretteur !

LE PÈLERIN, *au prêtre, montrant le rameau*

Je n'ai trouvé, qu'au bois, la bonne amitié franche !
Il te paraît étrange ?

LE PRÊTRE

A moi ?... Qui, radoteur ?

LE PÈLERIN

Mon cher et tendre ami.

LE PRÊTRE

Ce bâton cette canne?

LE PÈLERIN

Il est maladroit, gauche, élevé dans les bois...

(A la branche)

Fais un salut... (Il lève la branche)

LES ENFANTS

Brigand, sortez de la cabane.
Si vous touchez au vieux, nous tapons sur les doigts.

LE PÈLERIN

Vous dites vrai. Brigand et traître;
Mais je suis mon propre assassin?...

LE PRÊTRE

Reprenez vos esprits... A quoi bon ce sapin?...

LE PÈLERIN

Un sapin? Erudit qui prétend tout connaître!

Regardez de plus près et nommez le cyprès,
Du passé le symbole et de mon sort funeste.

(Il prend des livres)

L'histoire des anciens, racontant les succès
Des Grecs, dit : qu'adorant l'amour pur et céleste,
Ils vouaient les amants, pris d'un feu mutuel,
Au myrte qui parait leurs brunes chevelures ;
De l'amour malheureux l'emblème naturel
Fut le sombre cyprès, gage de mes tortures ;
Il ne me quitte pas, douloureux souvenir,
Au moment des adieux, cette branche, brisée
Par sa petite main, offerte avec plaisir,
Est toujours près de moi. De mes pleurs arrosée,
Amie à toute épreuve, elle entend mes soupirs,
Sensible à mes regrets, compagne dévouée,
Témoin de ma tristesse et de mes chers désirs...
Pour avoir les détails de ma vie, échouée
Au roc du désespoir, là-bas, sous les tilleuls,
A part, consultez-là. — Je vais vous laisser seuls.

(A la branche)

Dis-lui mon malheur ! oui, je perdis mon amante!...
Bien du temps a passé depuis l'instant fatal,

Où j'obtins ce cyprès de sa main charmante.
C'était alors un brin, souvenir sépulcral
Du dernier entretien... Tristement mis en terre,
Arrosé tous les jours, de mes pleurs abondants,
Il devint, vous voyez, presque une branche entière,
Vigoureuse de sève, aux rameaux verdoyants...
Quand sonnera pour moi la sombre heure finale,
N'osant plus regarder, en haut, les cieux ternis,
Je compte reposer à son ombre idéale!...

(Avec un doux sourire)

La divine couleur de ses cheveux chéris
Est de teinte pareille aux feuilles desséchées ;
Désirez-vous la voir?

(Cherchant et fouillant dans sa poitrine)

Je ne puis détacher...

(Toujours avec de plus grands efforts)

Les touffes des cheveux, sur sa tête fauchées.
Ils sont fins et soyeux, enivrants au toucher ;
Etendus sur mon sein, pourtant, comme un cilice,
M'enlaçant de leurs plis, ils entrent dans la chair,
Me dévorent le flanc, prolongent mon supplice,

M'enserrent toujours plus, me privant de tout air...
Oh!... Je souffre beaucoup; mais grands furent mes crimes

LE PRÊTRE

Je plains votre douleur et voudrais l'écarter.
Croyez-moi, mon enfant, vos vifs remords intimes,
Vos aveux, vos tourments pourront vous racheter,
Au jour du jugement, de nombreuses faiblesses.

LE PÈLERIN

Mes fautes, mes péchés, sont-ils vraiment si grands?
Un amour idéal, d'innocentes tendresses
Méritent-ils, là-haut, d'éternels châtiments?
Dieu fait naître l'amour, créant l'être adorable;
Il unit nos deux cœurs, par le charme et l'attrait,
A toute éternité, d'un lien immuable,
Formé dès le debut, de sa lumière extrait,
Bien avant, que nos corps fussent créés sur terre,
Vile prison charnelle à nos souffles divins!
Des mortels envieux la puissance éphémère
Nous sépare, abusant de leurs droits inhumains;
Mais elle ne saurait détacher notre chaîne,
En détend les anneaux, sans pouvoir la briser;
Nos esprits comprimés, suivent la même arène,

Cédant au sort cruel, peuvent se diviser;
Mais rivés, l'un et l'autre, à leur douce tendresse,
Finiront par s'unir, le désirant sans cesse...

LE PRÊTRE

Unis par le Seigneur, vos liens sont sacrés;
Au creuset du malheur, ils seront épurés.

LE PÈLERIN

Nous pourrons nous unir au-delà de la tombe;
Le ramier exilé rejoindra sa colombe,
Mais ici tout espoir est perdu pour nos cœurs.
Nos adieux éternels réveillent mes douleurs...
Leur souvenir est là,

(Il met la main sur le cœur)

présent à ma pensée...
L'heure d'un soir d'automne était sombre et glacée;
Je devais m'en aller le lendemain matin;
Rêveur et soucieux, j'errais dans le jardin,
Armant mon faible cœur de force et de courage,
Pour braver le regard de son charmant visage.
Le ciel prit, tout d'un coup, un aspect lumineux;
Les nuages, fondus en brouillards onduleux,
S'abaissaient sur la plaine, où brillait la rosée,

En perles de cristal d'une teinte irisée,
Sur le sol recouvert d'une blanche vapeur.
La brume à l'horizon et son masque trompeur
S'étendaient sur la terre ; au zénith, lune, étoiles
Scintillaient de leurs feux, chassant ombres et voiles.
Je relève les yeux... L'étoile d'orient,
Au-dessus de mon front, brille, en me souriant,
Et, dans les verts massifs, non loin, sous la charmille,
J'aperçois l'idéale et pure jeune fille...
Tout en blanc, immobile, elle avait l'air serein
D'une beauté du ciel, morte au désir humain...
Puis, prenant son élan, gracieuse et légère,
Elle parut s'envoler, ne touchant plus la terre,
Le regard abaissé, sans le fixer sur moi...
Son visage était pâle et calme, sans effroi ;
  Et je vis une larme amère
  Rouler le long de sa paupière,
Je dis alors : « Je dois partir demain. »
— « Adieu, » fit-elle, en me donnant la main,
A voix très basse : « Oublions notre idylle ! »
— « Non, je ne puis être, à ce point docile.
  Oublier vos charmants attraits,
  Non, je ne le pourrai jamais,

Conservant l'image, éternelle
Au cœur, de votre âme immortelle. »

(Chantant)

— « Suivons notre chemin
Sans larmes inutiles ;
Tel est notre destin !
Nos plaintes sont stériles.
Je garderai ton souvenir,
Mais je ne puis t'appartenir... »

« Je pars, hélas ! demain, cher ange,
Et tu me donnes, en échange
De mon amour, pour m'apaiser,
Rien qu'un seul, unique baiser ? »

(Il chante).

(1) Plus belle qu'un ange céleste,
Chaste vierge, au regard modeste,
Son œil reflète, radieux,
Comme un miroir, l'azur des cieux,

Son baiser, pur souffle de l'âme,
Envahit mon être et l'enflamme,

---

(1) Romance imitée de Schiller.

>> Unissant, dans un tendre accord,
>> L'amour qui vibre avec transport.
>
> Les cœurs se fondent en délire...
> A leur contact, dans un sourire,
> Les lèvres boivent la volupté,
> Sous l'empire de la beauté...

La passion répugne à votre esprit austère,
Insensible au plaisir, à la joie éphémère...
La foule peut errer, le monde s'amuser,
Votre vœu vous prescrit, de tout vous refuser...
Depuis ce doux baiser, je me sens en extase,
O, ma belle adorée ! Un feu divin m'embrase...

> *(Il recommence à chanter)*
>
> Son baiser, pur souffle de l'âme,
> Envahit mon être et l'enflamme,
> Unissant, dans un tendre accord,
> L'amour qui vibre avec transport...
>
> *(Il veut embrasser un des enfants qui s'enfuit)*

LE PRÊTRE

Pourquoi donc avoir peur d'un homme, ton semblable?

LE PÈLERIN

Le monde évite et fuit un pauvre misérable,

Dont l'aspect sert d'épouvantail...
Ma belle, aux lèvres de corail,
Me fuit aussi, disant : « à revoir, » l'ingénue,
Brillant, comme l'éclair, un instant, dans la nue...

(Se tournant vers les enfants)

Et pourquoi m'a-t-elle quitté,
M'ayant séduit, par sa bonté?
L'aurais-je peut-être offensée,
Par mon désir, par ma pensée?

(Tâchant de se rappeler)

Mon souvenir se perd... J'ai le vertige, au front...
Mais oui... c'est bien cela... son image est au fond
Et rappelle à mon cœur une touchante histoire...
Je dis ces quelques mots, gravés dans ma mémoire :

(Avec tristesse)

« Sois heureuse! Je pars demain... »
— « Adieu cher... » me répondit-elle,
Brisant un rameau de sa main :
« Je le confie à votre zèle,
« Comme un gage de notre amour... »
Et puis s'envola, sans retour...

LE PRÊTRE

Jeune homme! Je comprends votre grande infortune.
La douleur en ce monde, à tous, nous est commune;
J'ai pleuré dans ma vie et béni plus d'un mort;
J'ai perdu deux enfants, ravis à ma tendresse;
Leur jeune mère aussi, pour comble de détresse,
A son tour, m'a quitté, me laissant isolé,
Sans espoir, sans appui, sur la terre exilé...
Dieu donne et puis reprend ses dons aux créatures.
Que son nom soit loué, sans plaintes, ni murmures!

LE PÈLERIN, *ému*.

Votre femme?

LE PRÊTRE

Je tremble à son cher souvenir.

LE PÈLERIN

Que vois-je? vous aussi, vous avez vu mourir
Votre chère compagne?... Ecoutez : il n'importe,
Mon vieux. De son vivant, elle était déjà morte...

LE PRÊTRE

Comment?

LE PÈLERIN, *avec feu*.

Quand le bouton s'ouvre et se change en fleur,
Quand la femme subit la loi d'un enjôleur
Qui, par droit de l'époux, la tient sous une grille,
L'enlevant aux parents, aux siens, à sa famille,
Et la traite en captive, attachée à son seuil,
Effacez-la du monde, et portez-en le deuil...

LE PRÊTRE

J'ai cru voir à vos pleurs, à votre cœur qui crie,
Que votre chère absente est pleine encore de vie...

LE PÈLERIN, *avec ironie*.

J'en devrais, n'est-ce pas, remercier le ciel !
De quel droit m'offrez-vous un démenti formel?
Faut-il prêter serment? Vous donner ma parole?
Mon amante est bien morte, et cela me désole...

(*Après un court silence*)

Il est certes, plus d'une mort :
L'une, dans le monde, est commune
A tous, prescrite par le sort,
Quand gronde sa voix, importune
Aux gens qui doivent la subir...

Je vis ainsi Laure mourir,
De grâces, de vertus remplie,
Au cimetière ensevelie...

(*Il chante*)

Sur les bords du Niémen,
Dans un fertile Eden,
Un tertre funéraire
S'élève sur la terre,
Couronné de rosiers,
De lierre et d'églantiers...

Qu'il est triste de voir un être,
Qui vient à peine d'apparaître,
Jeune, dans sa fleur de beauté,
Finir, par la mort emporté...

Elle repose sur sa couche.
Pâle, sans sourire à la bouche,
Comme un nuage matinal
Qui va monter dans l'Idéal...

Unis dans leurs sombres alarmes.
Prêtre, docteur, amis, parents,
La pauvre mère, tout en larmes,
Agenouillés, sont là, présents ;
Le fiancé, le plus à plaindre,
Dans ses bras veut encor l'étreindre.

Le regard se voile et s'éteint,
La blancheur envahit le teint
Sur la joue, autrefois vermeille,
Comme une pêche sur la treille ;
La lèvre a perdu son carmin,
Fermant à jamais son écrin ;
Elle relève un peu la tête,
Promène ses yeux alentour,
Sans que son regard ne s'arrête,
Et dit adieu, muette, au jour ;
La mort les couvre d'un nuage,
Glace les mains et le visage ;
Le cœur bat déjà faiblement
Et cesse enfin tout mouvement...
L'être est mort... Reste un corps sans âme...

Voyez à mon doigt cet anneau ;
Son œil avait la même flamme,
Que ce brillant d'une belle eau,
Triste souvenir de la morte,
Ravie au monde de la sorte ;
Mais l'œil avait la vie encor,
L'étincelle de l'âme humaine,
Que n'ont pas les bijoux, ou l'or,
Parure aux yeux, futile et vaine,

Qui n'a d'éclat que par reflet,
Matière sans âme, en effet...
L'être est mort... Reste un corps sur terre,
N'ayant plus flamme ni lumière...

UN ENFANT

Quel dommage ! En vous écoutant,
Mon cœur était tout palpitant.
Etait-ce votre amie, ou votre sœur peut-être ?...
Oh ! cessez de pleurer... Nous autres et le prêtre,
Nous dirons, tous les jours, des prières au ciel,
Pour qu'elle puisse avoir le repos éternel.

LE PÈLERIN

Cette mort, mes enfants, vous remplit d'épouvante ;
Mais j'en connais une autre, encor plus effrayante,
Qui frappe et glace sans tuer...
Cruelle, douloureuse et lente,
Elle peut vous exténuer,
Brisant votre espoir, votre attente,
Et, rompant le tendre lien
Qui vous unit à votre amie,
Elle arrache et prend votre bien,

Tout en laissant l'amante en vie ;
Celle-ci sent, respire, agit,
Verse quelques pleurs de tristesse,
Oublie ensuite son dépit,
Allant le matin à la messe...
Son cœur à l'ombre du clocher
Qui le rouille et le pétrifie,
Devient plus dur, qu'un rocher,
Pour celui qu'elle sacrifie...
Elle même engraisse et fleurit...
Je ne vous nommerai pas celle
Qui m'abandonne et me trahit ;
Mais, n'est-ce pas, qu'elle est cruelle,
La mort habitant un corps sain,
Et qui marche le front serein ?...

(*Les enfants s'échappent, craintifs*)

Mon amante est pourtant bien morte !
 On me prend pour un fou.
 Le public me montre sa porte,
  Qu'elle ferme au verrou ;
« Insensé, mais elle est en vie ! »
 Me disent les badauds.

(Au prêtre)

Ne les croyez pas, je vous prie;
　　Je sais bien, que c'est faux.
Je languis après ma maîtresse
Qui s'est éteinte en sa jeunesse...

(Après quelques instants)

Il est une troisième mort
Qui mène aux peines éternelles...
Malheureux hommes, dont le sort
Maudit fait des rebelles!...
Priez pour moi, car à ma fin,
Tel sera pour sûr, mon destin,
En punition de ma faute...

LE PRÊTRE

Vous avez péché, mon cher hôte,
Non par orgueil, mais par désir;
Il est temps de vous repentir,
Et de suivre le but de notre vie humaine.
L'homme doit surveiller, que le mal ne l'entraîne
A l'abîme fleuri des folles passions.
Plus est grand son génie, et plus il doit au monde

Un exemple éclatant de nobles actions,
Au lieu de s'oublier dans une joie immonde.
Comparez-vous, atome, à l'immense univers,
Et sacrifiez-lui vos griefs, vos revers ;
Travaillez sans relâche, ajoutez une page
A l'histoire du temps, par un utile ouvrage,
Vous aurez mérité le prix d'humanité,
Accompli les desseins de la divinité...

LE PÈLERIN, *étonné.*

Quel prodige! Quel art magique!

(*A part*)

Il nous aura vus, ou surpris,
Dans notre tendre bucolique.

(*Au prêtre*)

C'est le même langage exquis,
Mot pour mot, de ma souveraine,
Au jardin, le soir de nos adieux...

(*Avec ironie*)

Elle voulait adoucir ma peine,
Par un sermon élogieux,
Sur la gloire et sur la patrie,

Sur la science et sur les arts,
Anciens sujets de rêverie
Qui n'attirent plus mes regards...
J'aspirais jadis l'ambroisie,
En m'inspirant de poésie ;
Je brûlais d'imiter Platon
En sagesse, en vertu Caton...

(*Il chante*)

Prends ton essor, jeunesse,
Au-dessus de l'azur !
Plane, dans ton ivresse,
Dans un air libre et pur !...

Et tu verras, d'en haut, les grandeurs de ce monde
S'écrouler dans l'abîme, en poussière, à la ronde,
Les sommets s'aligner sur un même niveau,
Des continents entiers surgir du sein de l'eau...
L'imagination sur cette table rase,
Elève les palais enchantés de l'extase,
Entasse gloire, succès, efforts prodigieux,
Pour parvenir ainsi, par son génie, aux cieux...

J'ai perdu mon élan, je trébuche et chancelle...
Une fois seulement l'homme brille, étincelle

Du feu de la jeunesse, avant de piétiner
Le chemin de la croix... S'il a su se donner
L'égide de Minerve, il peut, par sa sagesse,
Guider peuples et rois vers le bonheur, sans cesse,
Dans les siècles servir de jalon lumineux
Que suit l'humanité, dans son cours radieux.
Ou, si dans son audace, il suit Mars et Bellone,
Sur les champs de la gloire, et cherche une couronne
De lauriers, comme prix de meurtre et de combats,
D'illustres actions, ou d'heureux attentats,
Il peut, la foudre en main, égaler Charlemagne,
Ou revêtir de pourpre un pâtre de campagne... [1]

(*Après une pause, lentement*)

Cette étincelle encor peut naître d'un regard ..
Elle luit, solitaire alors, brille à l'écart,
Pareille au feu caché d'une tombe romaine.

LE PRÊTRE

Malheureux insensé, qui fais vibrer ta chaîne !
Je reconnais, au cri de ton cœur ulcéré,

---

[1] Allusion au pape Sixte-Quint.

Un amour noble et pur de l'objet adoré
Qui joint à la beauté des vertus sérieuses.
Ecoute, obéissant, ses leçons précieuses,
Faites pour amender des instincts criminels,
Et réprime les tiens, s'ils sont trop sensuels.
Vous avez, en chemin, des obstacles en vue ;
Les étoiles, de même, avancent dans la nue ;
Celle-ci se dissipe et passe avec le vent,
Mais les astres du ciel vont toujours en avant.
Libres, un jour aussi, des liens de la terre ;
Vous serez réunis dans la céleste sphère,
Trouvant grâce et pardon pour votre passion,
Chez le maître indulgent de la création.

LE PÈLERIN

Je suis certe ébahi de votre clairvoyance !

(Imitant la voix du prêtre)

« Aussi pure, qu'aimable au monde qui l'encense...
« Les anneaux de la chaîne éclateront au ciel... »
Comment avez-vous su notre amour mutuel ?...

Vous avez surpris le mystère
Que cachait notre cœur,

Goûté de la liqueur amère,
Extraite de nos pleurs...
Fut-elle à nos serments parjure,
De ne dire jamais
Ma passion et la blessure
Faite par ses attraits?..

Oui ! Je m'en souviens. Je fis son image,
Voulant reproduire, avec un pinceau,
Son délicieux et charmant visage,
J'eus tort de montrer, ravi, le tableau...
Mes graves amis furent insensibles
Au charme divin qui fait sa beauté ;
Scrutant, au compas, les lignes visibles,
Ils voient seulement la réalité,
Et ne savent pas, armés de lunettes,
Apercevoir l'âme et saisir l'esprit
Malin qui se cache au creux des faussettes,
Quand mon ange pleure, ou bien qu'il sourit...
A l'aspect du ciel, l'amant, l'astronome
Voient, différemment, l'azur du grand dôme.
Poëte et berger, certe, ont d'autres yeux,
Pour voir et comprendre un fait merveilleux.

De peur d'effaroucher son regard en peinture,
Je n'ose de l'image approcher ma figure,
      Quand je lui dis bonsoir.
Pendant le clair de lune, ou la lampe allumée,
Je n'ôte pas l'habit, devant ma bien-aimée,
      Tant qu'il ne fait pas noir,
Avant de lui voiler ses beaux yeux d'une feuille,
Et puis, je m'attendris, je pleure et me recueille...
      Mes amis, gens sensés,
Me prirent en pitié, trouvant inopportune
Mon admiration d'une beauté commune
      Et de traits retroussés ;
L'un d'eux, qui me toisait de façon ironique,
Paraissant me trouver ridicule et comique,
      Fut peut-être indiscret?
Il se sera moqué de ma niaiserie,
Sur la place, en public... Quelqu'un de la galerie
      A livré mon secret,
         Vous confessant ses péccadilles
         Et l'empire des jeunes filles
         Sur les gens épris des beaux yeux...

         (*En délire*)

Aurais-je fait, moi, des aveux?...

LE PRÊTRE

Je n'ai pas eu besoin d'aveux et d'artifice,
Pour démêler le fil de votre affection.
Vos gestes, vos discours servent de sûr indice
Du pouvoir qu'a sur vous votre âpre passion.

LE PELERIN

C'est la propriété de la nature humaine
    De rêver, la nuit, à la peine
Qui vous a tristement absorbé tout le jour,
    Laissant des traces tout autour.
J'eus jadis, chez ma mère, une scène pareille ;
    Ayant fait ma cour, sous la treille,
A mes chères amours... De retour au logis,
    Sans dire un seul mot, je me mis
Sur-le-champ, dans mon lit, pour rêver à mon ange,
    Le matin suivant : « C'est étrange,
« Me dit ma mère, en riant : vous êtes devenu
    « Dévot ; la nuit, je vous ai vu
« Dire des oraisons à la vierge Marie. »
    Mon indiscrète rêverie
Avait tout révélé... Pour cacher mon amour,
    Je m'enfermais, à double tour.

Je n'ai plus, à présent, à moi, ni feu, ni gîte ;
    Ma passion souvent m'agite,
Et je parle la nuit, sans rime ni raison,
    Selon le vent à l'horizon,
Murmurant des propos qui passent par ma tête,
    Comme sur les flots la tempête.

    Je sens un sourd bourdonnement,
    Des éclairs de chaude lumière,
    Puis, un pénible enfantement
    De plans qui croulent en poussière...
    Ayant son portrait dans mon cœur,
    J'en vois l'image bien-aimée,
    Sur l'onde dans sa profondeur,
    Au ciel, sur l'azur imprimée ;
    Elle est au bout de mon regard,
    Quelque part que je le dirige,
    Comme un précieux étendard,
    M'enveloppant de son prestige.

(*Élevant les yeux*)

    Elle plane au haut du ciel,
    Comme l'aigle, en son vol sublime,

Et, souriant à mon appel,
Elle m'encourage et m'anime,
En me montrant le but lointain,
Où doit tendre tout être humain...

(Il chante)

> Quand la nuit étoilée
> Sur terre est installée,
> Ou qu'à l'aube, vermeil
> Apparaît le soleil,
> Je suis toujours sa trace,
> Errant de place en place...

Je l'ai toujours devant mes yeux...
Quand je suis seul dans le bocage,
Je me rappelle ses adieux,
Et, contemplant sa belle image,
Succombe à la tentation,
De la nommer, ma bien-aimée,
Lui disant mon affection,
En quelques mots sous la ramée...
Hier matin, un farfadet
A surpris ainsi mon secret ;

La terre était encore humide
De l'averse du soir;
La rivière coulait limpide,
Présentant son miroir
Aux grands arbres de la vallée
Couverte de brouillard.
Les oiseaux, nichés dans l'allée,
Fredonnaient à l'écart.
Dans la brume, une seule étoile
Brillait à l'orient,
Protégeant, à travers son voile,
Moi, son pauvre client...

Je la vois toujours sous la nue;
Je cours après pour la saisir...
Etait-ce bien elle?... Ma vue
Se trouble et ne veut obéir...

(*Tâchant de se rappeler*)

Non! il pleuvait alors à verse,
Le vent me donnait le frisson,
Je pris le chemin de traverse,
Et m'abritai sous un buisson;

Là, m'attendait, caché, le traître,
Pour apprendre tous mes secrets;
Ai-je dit son nom devant l'être
Qui rampait à l'ombre, aux aguets?...

LE PRÊTRE

Vous divaguez, pauvre jeune homme,
Voyant dans l'herbe un espion.

LE PÈLERIN, *avec conviction*

Désirez-vous que je le nomme?
Je l'ai surpris en action...
Il se glissait près de ma tête,
Me regardant d'un air plaisant,
Et m'offrait sa pitié de bête...
C'était un petit ver luisant;
Il chuchotait à mon oreille:

« Cesse, infortuné, de gémir
D'une aventure, déjà vieille,
Qui ne vaut pas même un soupir.
Tel est l'ordre éternel des choses;
Les jeunes filles sont des roses,

Les jeunes gens des papillons,
Qui piquent de leurs aiguillons...
Vois-tu jaillir mon étincelle
Qui luit, éclaire le gazon?...
J'en étais fier, ignorant, qu'elle
Me trahirait, à l'horizon,
Attirant l'ennemi vorace,
Et serait cause de ma mort.
Ma lumière indique ma place
Et, me parant, me fait du tort ;
Je voudrais, à présent, éteindre
L'étincelle qui me trahit...
Impossible... J'ai beau me plaindre ;
Elle prête un éclat subit
A mon être...

(Il montre son cœur)

et, toute ma vie,
M'illumine, jusqu'à la fin...

LES ENFANTS

Ecoutez, maître, je vous prie,
Les histoires du pèlerin...

(Le prêtre s'en va, en haussant les épaules)

UN ENFANT

De chétifs vermisseaux de terre
Pourraient-ils causer avec nous?

LE PELERIN

Pourquoi pas, mon petit compère,
Chut ! En silence, approchez-vous
Du bureau ; tendez l'oreille !
Entendez-vous des cris confus,
Comme un bourdonnement d'abeille?
Un âme aspire aux biens perdus ;
Elle implore votre prière.

UN ENFANT

C'est vrai ; j'entends : tic tac, tic tac,
Comme à la montre du vicaire,
Quand il la tire de son sac.

LE PÈLERIN

Ce petit ver, une vrillette
Fut naguère un grand usurier...

(A la vrillette)

Que demandez-vous ma pauvrette ?

(Il imite le son de l'insecte)

« Vos prières pour expier,
« Mes péchés. » J'ai connu le sire :
Il était mon proche voisin,
Gardait l'or dans sa tirelire,
Et les pommes de son jardin,
Sans jamais donner une obole
A la pauvre orpheline, sans pain
Qui se lamente et se désole,
Lui demandant l'aumône en vain...
La vile âme, durant sa vie,
Empilait l'or dans ce bureau ;
Elle frappe, crie et supplie,
Prise, elle-même, dans l'étau...
Pour épargner à l'âme humaine
Le dur châtiment éternel,
Et pour diminuer sa peine,
Priez pour elle, enfants, le ciel !...

(Le prêtre revient avec un verre d'eau)

LE PÈLERIN, *de plus en plus égaré.*

Entendez-vous une voix satanique ?

LE PRÊTRE

Tout est tranquille, et la nuit magnifique ;
Ton cerveau seul, en ébullition,
Bat la campagne en son illusion.

LE PÈLERIN

Prêtez au vent une oreille attentive ;
Vous entendrez aussi la voix plaintive.

UN ENFANT

Il a raison... Qu'elle est cette rumeur ?

LE PÈLERIN

Docte érudit, niez-vous la clameur ?

LE PRÊTRE

Allez dormir, enfants, tout est paisible ;
Nul bruit, nuls cris dans le monde visible.

LE PÈLERIN, *aux enfants avec malice.*

Il est trop vieux, pour saisir l'âme au fond.

LE PRÊTRE

Mon pauvre ami, lavez bien votre front,
    Avec l'eau que j'apporte,

Et mettez, à la porte,

Le revenant maudit

Qui trouble votre esprit.

(Le pèlerin prend l'eau et se lave. L'horloge commence à sonner; au coup de dix, il laisse tomber le verre et regarde fixement, immobile et sombre).

LE PÈLERIN

Dix heures sonnent à l'horloge,

Le coq a chanté ;

Tout fuit, tout passe : blâme, éloge,

Dans l'éternité...

(Une des deux bougies s'éteint sur la table)

La vive lumière,

S'éteint la première ;

Attendons deux heures encor,

Pour prendre ensuite mon essor.

(Il tremble de froid. Le prêtre regarde, étonné, la bougie éteinte)

Oui, je grelotte et je frissonne,

Au souffle aigu du vent d'automne.

(Il se rapproche du poêle)

Où suis-je? ai-je rêvé, dormi?

LE PRÊTRE

Vous vous trouvez chez un ami...

LE PÈLERIN, *reprenant sa présence d'esprit.*

J'ai dû vous effrayer par mes folles idées,
Par des prétentions étranges, mal fondées...
  En haillons, inconnu,

  (*Regardant tout autour*)

J'ai trop parlé, pour sûr. Accordez-moi la grâce
De garder mon secret... J'erre seul, dans l'espace,
  Sans abri, demi nu...
L'imagination m'a frappé de son aile,
Et, m'enlevant mon bien, me bat et me flagelle
  De ses coups incessants...

  (*Il corrige les feuilles dont il est attifé*)

J'ai pour tout vêtement, les feuilles, la verdure
Que je trouve en chemin, n'ayant d'autre parure,
  Que mes purs sentiments...

LE PRÊTRE, *regardant toujours la bougie éteinte.*

Calmez donc votre esprit...

(*Aux enfants*)

Comment s'est-elle éteinte,
La bougie?...

LE PÈLERIN

Oui, tâchez d'expliquer, sans atteinte
A la saine raison, les mystères de Dieu !
Peut-on, sans se brûler, jouer avec le feu?
La nature est encor voilée à la science;

(*Avec force*)

Les prêtres, les savants ont la même ignorance...

LE PRÊTRE, *le prenant par la main*

Mon enfant !

LE PÈLERIN, *surpris et ému*

Cette voix vibre au cœur oppressé,
Et me réveille en rêve, aux accents du passé,
Rappelant à l'esprit, par un charme magique,
L'aspect du sol natal, de ma patrie antique...

(*Regardant attentivement tous les objets*)

Je reconnais le toit, le foyer, la maison,
De mon cher bienfaiteur... Je reprends ma raison.

Tout change avec le temps : fleurs et fruits, sur la branche;
Les garçons ont grandi ; votre barbe est plus blanche.

LE PRÊTRE, *il prend la bougie pour mieux voir*

Vous savez qui je suis ? Seriez-vous, en effet ?...

LE PÈLERIN

Gustave !

LE PRÊTRE, *laissant tomber la bougie que les enfants.
ramassent et posent sur la table*

O, mon élève ! ô mon fils, mon reflet !
Viens, mon cher, dans mes bras !

GUSTAVE, *il embrasse le prêtre, en regardant l'horloge*

Je puis encor, mon père,
Vous embrasser, avant de quitter cette terre...
Je vais faire un voyage éloigné... dans le ciel...
Nous nous retrouverons au séjour éternel.

LE PRÊTRE

Absent de mon foyer, comment, mon cher Gustave,
As-tu pu m'oublier ? Tu reviens blême et hâve,
Bizarrement vêtu, sans même prévenir
Ton maître dévoué ! Quel est ton avenir ?

Quel souffle délétère a passé sur ton âme,
Et terni ton génie, au profit d'une femme ?
Toi, mon disciple aimé, le plus bel ornement
De l'école, abruti par ton enivrement !

GUSTAVE, *fâché*

Ne puis-je aussi, mon vieux, t'accabler de ma plainte ?
Maudire la science et sa fatale empreinte ?
Tu m'as appris à lire un livre tentateur :
La nature, épelant le nom de son auteur
Ensemble, et me montrant votre terre promise
Soit, pareil à l'enfer, condamné par l'église,

(*Avec émotion*)

Ou comme un paradis, le séjour des élus,

(*Avec amertume*)

Tandis qu'elle est vraiment l'asile des vaincus.

LE PRÊTRE

Que dit-il ? O mon Dieu ! J'aurais perdu son âme !
Moi, qui n'avais pour lui, jamais le moindre blâme,
Et l'aimais, comme un fils.

GUSTAVE

    Je te pardonne aussi,
Mais mon instruction ne t'à pas réussi.

LE PRÊTRE

Je voulais tant te voir, t'embrasser sur la terre.

GUSTAVE, *l'embrassant et regardant la bougie.*

Nous le pouvons encore, avant que la lumière
Ne s'éteigne, pareille à l'autre... Il fait bien tard :

   (*Regardant l'horloge*)

Et je veux que tout soit en ordre, à mon départ.

LE PRÊTRE

Curieux sont les faits de ta longue odyssée ;
Mais repose d'abord ton corps et la pensée,
Et demain...

GUSTAVE

    Je ne puis passer, ici, la nuit,
Ne voulant pas le faire, à titre gratuit,
Et je n'ai pas d'argent.

LE PRÊTRE

    Tu plaisantes, je pense.

GUSTAVE

Non certe, on doit toujours payer en conscience,
Soit en or, soit en soins, ou bien par son travail,
Soit encor par ses pleurs et le tendre attirail,
Agréable au Seigneur, de la reconnaissance
Qui mérite un salaire, au ciel, en récompense...
Parcourant mon pays, la terre des douleurs,
Dont chaque coin rappelle un souvenir de gloire,
J'ai desséché mes yeux, l'arrosant de mes pleurs ;
Je ne veux plus charger de dettes ma mémoire...

(Après une pause)

J'ai visité tantôt la maison, le foyer,
Où, vivante, ma mère aimait à s'égayer.
La mort de la défunte avait marqué sa trace,
Laissant partout désordre et vide à la surface ;
Des meubles dégarnis, mauvaise herbe au jardin,
La clôture défaite, et sans eau le bassin ;
Un silence glacial, dans la cour solitaire,
Le calme qui fait peur, la nuit, au cimetière..
Je me rappelle encor ma joie et mon orgueil,
Quand, arrivant ému, je gravissais le seuil,
Où ma mère accueillait l'écolier en vacances,

Et, dans mes bras, heureuse, oubliait ses souffrances.
Mes frères et mes sœurs, amis et serviteurs,
Venus à ma rencontre, en masse, avec des fleurs,
M'arrêtaient en chemin, me tiraient de voiture,
Et m'embrassaient, joyeux, admirant ma tournure.
C'étaient des cris sans fin : « Gustave embrasse-moi !
« Ce cher et bon Gustave ! Il est beau comme un roi ! »
Sur le sol, à présent, pas une âme qui vive,
Et l'oiseau de passage a le vent pour convive.
J'entends, à mes côtés, le hurlement d'un chien :
« Oh ! c'est toi, mon vieux Chic, le fidèle gardien,
« Resté dans la maison et veillant à l'entrée,
« Qu'aimait à caresser ma mère vénérée !...
« Viens ici, mon bon Chic ! » Il se traîne à ma voix,
Me regarde attendri, me flatte de la queue,
Et tombe inanimé, s'affaissant sous son poids.
C'était le seul ami, resté dans la banlieue...
Apercevant du feu, j'entre dans le manoir,
Et je vois un voleur qui, profitant du soir,
Descellait les planchers et pillait les murailles...
A ma vue, il s'enfuit dans les proches broussailles.
Je passais sous mon toit la nuit seul à rêver,
Et vis, sans fermer l'œil, le soleil se lever,

Tout à mes souvenirs, quand une créature,
Habillée en haillons, de chancelante allure,
Entre faible, à pas lents, une béquille en main,
Et recule effrayée, à mon aspect soudain.
« Dieu te protège, vieille, et partout t'accompagne!
Lui dis-je alors : Pourquoi viens-tu dans ce logis? »
— « J'habite ici tout près, fit-elle, la campagne ;
« La maîtresse du lieu me donnait du pain bis,
« Des souliers et du linge, avait soin de mon âme ;
« C'était une excellente et charitable dame.
« Depuis sa mort, aumône et soins, tout a fini ;
« Qu'elle repose en paix! que son nom soit béni!...
« Elle avait, auprès d'elle, un beau garçon, timide,
« Je suppose, aussi mort, si la maison est vide...
« Riches et pauvres sont dans la main du bon Dieu ;
« Le plus jeune, souvent, dit à la vie adieu! »
Je songeais, l'écoutant, à mon bonheur intime,
Si vite, hélas! passé, s'écroulant dans l'abîme.

LE PRÊTRE

Tout se transforme et meurt, excepté l'Éternel
Et l'âme, feu sacré qui se rallume au ciel!...

GUSTAVE

Combien de souvenirs, aussi, dans ta demeure
Me reviennent, en foule, à l'esprit, tout à l'heure...
Nous allions dénicher les oiseaux des bosquets,
Nous baigner dans les flots de la claire rivière,
Ou je lisais, à part, le Tasse, Dante, Homère,
Ou nous représentions, réunis dans le bois,
Les combats glorieux, sous Vienne, de Jean trois :
D'un côté, le croissant surmonte la bannière
Des Turcs ; de l'autre, accourt la troupe régulière
Des Germains effarés, s'enfuyant de leurs camps ;
J'arrive à leur secours, sabre au poing, sur-le-champ,
Lançant sur l'ennemi notre cavalerie,
Au cri : « Protégez-nous, sainte vierge Marie! »
Les hussards polonais frappent, comme l'éclair,
Et l'on entend le bruit de l'acier sur le fer.
Les Musulmans, sabrés, sont vaincus, mis en fuite ;
Nos vaillants escadrons, lancés à leur poursuite,
Les font rouler sur terre, et têtes et turbans...

Mon amie assistait à nos joyeux élans,
Nous regardant jouer, du haut de la colline...
Dés lors, elle devint mon unique héroïne,

L'arbitre de mon sort, mon divin Idéal,
Le but pur, élevé, d'un amour sans égal...
L'adorer à genoux, mourir à son service,
Parut être à mon cœur le suprême délice !...
Les environs sont pleins de son cher souvenir;
Là, je vis, sans temoins, sa beauté resplendir,
Elle daigna, plus loin, m'accorder ma prière,
Et se montra sensible à mon amour sincère;
J'ai construit, de mes mains, pour elle, ce berceau;
Dans un doux tête-à-tête, en bas, au bord de l'eau,
J'ai pu lui dévoiler les désirs de mon âme...
Aujourd'hui, c'est l'enfer...

(*Il pleure*).

LE PRÊTRE

Et son ardente flamme
Peut dévorer ton cœur, embrasé par l'amour,
Mais ne changera rien aux objets alentour.

GUSTAVE

Aux lieux de mon bonheur, atteint par l'infortune,
Le souvenir du temps écoulé m'importune.
Emportez du pays une pierre, un jouet
D'enfant capricieux, lui servant de hochet,

Gardez-la, de longs jours, avec vous, en voyage;
Si bien des ans après, de retour au village,
Vous mettez cette pierre, en guise de coussin,
Sous la tête d'un mort dont est percé le sein,
De l'homme qui l'avait, jadis, dans son enfance,
Employée à ses jeux, rayonnant d'innocence;
Si la pierre, en effet, n'émet nul cri, nul pleur,
Jetez-la dans l'enfer, comme un être sans cœur...

LE PRÊTRE

Heureux celui qui mêle à la douleur présente
Le tendre souvenir d'une personne absente,
Offert pieusement au Seigneur, à l'autel...
Amers sont seulement les pleurs du criminel...

GUSTAVE

J'ai revu le jardin, la grande allée ombreuse,
Un soir pareil d'automne, aussi froide et brumeuse;
Les nuages, chassés par le vent, dans les cieux,
Le brouillard dérouler son tapis blanc, soyeux
Sur le sol argenté par la fraîche rosée,
La voûte bleue, en haut d'étoiles pavoisée,
Et, parmi celles-ci, l'astre le plus brillant

Qui me suit en tous lieux, et luit à l'orient...
Rien n'avait varié dans le temps et l'espace;
Mais nous étions en deuil de l'ange, plein de grâce,
Qui s'était envolé... J'entre dans le berceau
De verdure, élevé jadis, à sa prière,
Témoin de mes aveux, maintenant le tombeau
De mon bonheur céleste, évanoui sur terre;
Je la vis ici même, une dernière fois,
Intraitable à l'amour, insensible à ma voix...

Assise là, peut-être hier encore, à l'ombre,
A l'abri du soleil, sous la tonnelle sombre,
Elle foulait ce sable et respirait cet air...
J'écoute et je regarde autour du belvédère,
Mais en vain. Je ne vois qu'une frêle araignée,
Suspendue à son fil, par la brise épargnée,
Ballotter dans l'espace, au souffle du zéphyr,
Et, comme moi, vouée au plus triste avenir.
Je rêvais en silence, appuyé contre un arbre,
Pâle, immobile, comme une statue en marbre,
Quand je vois sur le banc, parmi feuilles et fleurs,
Un brin d'herbe, autrefois tout mouillé de mes pleurs.

(Il tire une feuille de son sein)

Il rappelle à mon cœur ma dernière entrevue,
La farouche beauté, que je n'ai plus revue,
Répète à mon désir, tous les propos du jour,
La lutte du devoir austère avec l'amour,
L'heure de son lever, le choix de sa toilette,
Qu'elle rêve, en secret, au passé, le regrette
Et s'en confesse ensuite au père chapelain
Qui l'engage à remplir son arrêt inhumain ;
Qu'une douce rougeur colore son visage,
Quand on cite mon nom, ma nature sauvage...
Mais qu'entends-je, mon Dieu ! J'en gagne le frisson !

(*Il se couvre le visage de ses mains*)

Ecoutez mes enfants, une vieille chanson :

(*Il chante*)

Elle pense à vous et pleure,
D'abord à toute heure...

CHŒUR DES ENFANTS

La fillette, nuit et jour,
Rêve à son amour...

GUSTAVE

Puis, un jour de la semaine,
A sa tendre peine...

CHŒUR DES ENFANTS

La fillette, quatre fois,
Rêve encor, le mois...

GUSTAVE

Puis, l'amour ne l'importune,
Qu'au croissant de lune...

CHŒUR DES ENFANTS

Comme l'astre, sous son toit,
Son amour décroît...

GUSTAVE

Le doux souvenir s'écoule,
Comme l'eau qui coule,
Et l'amour sur son cadran,
Sonne une fois l'an...

CHŒUR DES ENFANTS

Et, s'envolant, il déroule
La fin du roman...

GUSTAVE

Ainsi donc du passé rejetant toute trace,
Elle veut l'oublier et dans son cœur l'efface!...

Je quitte le jardin et, comme un étourneau,
Fasciné par la peur, je cours vers le château...

Les hôtes sont nombreux, conviés par le maître ;
On entend la rumeur des gens et des chevaux
Dans la cour; je m'approche et, l'œil à la fenêtre,
Je regarde, en tremblant, à travers les vitraux...
Dans la salle à manger le monde était à table,
Aux accords de l'orchestre, aux lumières, au son
Du toast qu'on redisait d'une voix formidable :
« Vive mademoiselle... » Oh ! je tairai son nom...
La foule bat des mains, le crie et le répète ;
Moi, j'ajoute à voix basse : « Oui, sois heureuse ! Adieu ! »
Le prêtre dit alors un autre nom... Ma tête
Se fend... puis dit encor : « Soyez unis en Dieu ! »

(Toujours plus ému)

Une voix gracieuse — elle m'est bien connue —
Répond, en souriant : « O merci ! » L'ingénue
M'enfonçait un poignard dans le cœur... Je voulus
Entrer, briser la glace... et je tombais confus,
Privé de sentiment et sans force et sans âme...

(Après une pause)

Je dis mal... Je perdis seulement la raison.

LE PRÊTRE

Pauvre insensé ! L'amour vous trouble et vous enflamme !

GUSTAVE

Sans vie, inanimé, couché sur le gazon,
J'avais l'air d'être mort, quand là, tout près, la noce
S'amusait à cœur joie et montait en carrosse...
Je revins à la vie, au point du jour vermeil ;
La fête était finie, au lever du soleil,
Après m'avoir frappé, comme un coup de tonnerre.
Je restais abattu, foudroyé sur la terre...

(*Lentement, d'une voix sépulcrale*)

L'ange de mort m'avait chassé du paradis.

LE PRÊTRE

A quoi bon du bonheur étaler les débris !
Quand tout remède est nul, pour calmer la souffrance,
Il faut laisser agir la sainte providence.

GUSTAVE, *avec irritation*.

Nous fumes destinés, l'un à l'autre, par Dieu
Qui forma nos esprits sur le même modèle,
Dans nos âmes souffla, du beau ciel, pur et bleu,
Un même clair rayon, une même étincelle,
Créant pareils nos cœurs, nos goûts, nos qualités,
La noble estime due, à nos vaillants ancêtres ;

(De plus en plus irrité)

Et, par orgueil, caprice et folles vanités,
Tu brisas les liens, faits pour unir nos êtres.

(Exaspéré)

Futile créature, à l'éclat passager,
Femme, léger duvet, emporté par la brise,
Qui veux plaire aux mortels, et te plais à changer
De robe et d'amoureux, et dévote, à l'église,
Sous tes traits, enviés par les purs séraphins,
Tu caches dans ton cœur, d'astucieux desseins.

Tu m'as sacrifié, pour avoir dans la vie,
De l'or et des honneurs, biens que le monde envie ;
Puisse tout, dans ta main, se transformer en or,
Embrasse tes bijoux et baise ton trésor...
Si j'avais à choisir ma compagne chérie,
Une sœur, une muse ; oh ! dans ma rêverie,
Je préférerais certe, aux plus grandes beautés,
Aux charmes les plus purs, aux attraits exaltés
Par la foi, par l'amour et par la poésie,
Plus complets, que les tiens même, en ma fantaisie,
La divine douceur de ton regard charmant !
Une autre m'offrît-elle un caractère aimant,

Pour dot, l'or du Pérou, les perles de Golconde,
Je la dédaignerais pour votre beauté blonde!...
Ne voulût-elle avoir qu'un an, qu'un mois, qu'un jour
De ma vie, en entier, vouée à ton amour,
Repoussant même alors ses dons et ses caresses,
Je resterais toujours fidèle à mes promesses...
Et vous, cruellement, vous m'avez condamné,
D'un air indifférent, aux peines d'un damné,

  Au dur, à l'éternel supplice,
  Par votre honteux artifice,
  Et couriez à d'autres liens,
  En comptant sur ma bonhomie...
  Je punirai votre infamie ;
  J'en possède ici les moyens...

  (*Il tire le poignard et dit avec rage*)

  C'est un brillant héros, madame,
  Une jolie et fine lame...
  Elle aussi va dire son mot,
  Et fêtera vos épousailles,
  Allant au fond de vos entrailles,
  Pour châtier votre complot.

Je vais de ce pas...

(Après s'être recueilli)

Non !... Je n'ai pas le courage
De venger mes griefs et de punir l'outrage.

(Il remet le poignard dans sa gaîne)

Il faut être un démon, pour faire son bourreau ;
Puisse mon souvenir lui servir de fléau !...

(Le prêtre sort)

Que le cuisant remords la blesse,
Et torture son cœur sans cesse !...
Sans nulle arme, j'irai la voir,
J'apparaîtrai dans leurs orgies,
Aux mille feux de leurs bougies,
Comme un spectre hideux, le soir.

Les seigneurs aiment à bien vivre
Dans leurs manoirs. Si la foule ivre
Propose à boire, à ma santé,
Je ne veux pas ouvrir la bouche,
Toujours muet, grave et farouche,
Sans prendre part à leur gaîté.

Si l'on me convie à la danse,
Chantant en chœur une romance,
Je resterai silencieux,
En refusant d'un air acerbe,
Gardant sur le cœur mon brin d'herbe,
Sans rien répondre aux curieux.

Si la perfide alors m'accueille,
Comme jadis, avec ma feuille,
Et me demande la raison
De ma visite inattendue,
Je ne dirai rien, à sa vue,
De son infâme trahison ;

Mais mon regard saura l'atteindre
De son aiguillon, sans la craindre,
En la perçant de part en part.
Il embrasera la prunelle
Des yeux trompeurs de l'infidèle,
Enfonçant jusqu'au cœur son dard.

Ressentant la douleur mortelle
De ses regrets, la criminelle,
En larmes, dans son abandon,

Livrée à la miséricorde
De Dieu, le prîra qu'il accorde
A ses péchés grâce et pardon...

(Attendri)

C'est une sensitive
Dans ses impressions,
Inquiète et craintive,
En toutes actions,
Ayant le duvet tendre
Qui recouvre les fleurs ;
Peut-elle se défendre
Des hommes, par ses pleurs ?...

A la moindre parole, elle se sent émue ;
Nul geste, nul regard n'échappait à sa vue.
Elle a l'art, ou l'instinct de lire dans le cœur,
D'y voir poindre et germer le plaisir, la douleur,
En suivant dans votre œil, comme dans une glace,
Tout trouble qui du fond remonte à la surface.
Une pensée, à peine éclose en mon cerveau,
Rayonnait dans le sien, pareille au pur flambeau,
Eclairant notre amour, de la divine flamme

Que son œil reflétait, la puisant dans son âme ;
Plus je rêve au passé, plus je vois, que jamais
Je n'oublîrai son charme... Oh ! comme je l'aimais!

Dois-je à présent, dans ma détresse,
D'amant me faire un espion,
Et venger sur la pécheresse
Les tourments de ma passion ?...

Celle-ci, dans sa frénésie,
N'a pas le droit de la punir ;
De quoi ? Grand Dieu ! Ma jalousie,
Peut-elle forcer son désir ?

M'a-t-elle fait une promesse,
Un doux serment, un tendre aveu ?
Compromis sa délicatesse,
En brouillant mes cartes au jeu ?

A-t-elle fait, par son sourire,
Jaillir une lueur d'espoir
Au cœur épris, de la réduire,
Par ma constance, à mon pouvoir ?

Je me berçais, dans ma tendresse,
De charmantes illusions ;
J'ai rempli dans ma folle ivresse,
La coupe des déceptions...

Quelles sont mes vertus d'élite,
Me donnant droit à sa faveur ?
Je n'ai vraiment, pour tout mérite,
Qu'un grand amour plein de ferveur.

Oh ! je sais me rendre justice,
Et me borne, dans mon désir,
D'être toujours à son service
Sans penser même à nous unir.

Je veux uniquement sur terre,
Sans pouvoir rien me reprocher,
Qu'elle me supporte et tolère,
Me permettant de l'approcher.

Lui dire, dans la matinée,
Bonjour, et, vers la nuit, bonsoir ;
Jouir encor, dans la journée,
D'être près d'elle et de la voir...

Cette attrayante certitude
Me rendrait, pour la vie, heureux,
Donnant une douce habitude
A mon cœur aimant et joyeux,

Stérile et vaine rêverie !
Surveillé par des espions,
Je ne puis revoir ma chérie !
En butte aux persécutions,
Il faut renoncer à la vie,
Et mourir loin d'elle... O destin,
Sans pitié, qui me l'as ravie !
Tu veux la mort du pèlerin...

(Tristement)

Seul dans mon infortune, isolé sur la terre,
Personne ne viendra me fermer la paupière,
Pleurer à mon chevet, et dire, sur mon corps,
Un *Ave Maria*, dans la cité des morts...
Que ne puis-je apparaître en rêve à l'infidèle !
Elle serait pour moi, peut-être moins cruelle !...
Me voyant soumis, humble et confessant mes torts,
Elle aurait des regrets du passé, des remords,

Et dirait, soupirant, par son rêve charmée :
« Je fus dure pour lui, car il m'a tant aimée ! »

(Avec une ironie sauvage)

Gémis, en piaulant, comme un tendre poussin !
N'aurais-tu pas le cœur d'accomplir ton dessein,
Dignement, comme il sied de faire à l'homme libre,
Atteint par le malheur, mais dont la fierté vibre
Jusqu'au dernier soupir, ne sachant pas mendier
La pitié du prochain, se courber, ni plier,
Pour survivre, en cédant au souffle de l'orage?

(Avec détermination)

Agissez à votre gré, ma beauté froide et sage !
Libre à vous d'oublier... Votre doux souvenir
Peut aussi s'effacer du cœur... S'évanouir
A l'appel de la mort...

(Egaré)

        Ses traits, ses yeux, son âme
N'auront plus leur clarté, leur prestige, à la flamme
Qui m'embrase déjà dans l'espace infini...
L'éclat de son regard sera bientôt terni...

(Après une pause)

Magique attraction ! Je la vois en délire ;
Allant même expirer, je l'invoque et soupire..,

(En se recueillant)

Ciel ! elle m'accorde vraiment
Une larme, un vrai diamant...

(Attendri)

Oui, regrette ton humble esclave
Qui va mourir, ton cher Gustave !

(Après avoir réfléchi, avec fermeté)

Montre le courage, au dernier instant,
D'un homme de cœur, fidèle et constant
A sa passion, à sa souveraine
Qui daigne pleurer sur toi, dans ta peine...
Je m'en vais, tout seul... Oui, consolez-vous
De causer ma mort, aux bras de l'époux,
Dans la volupté ; vivez sous son charme...

(Avec rage)

Je n'exige rien... pas même une larme.

(Au prêtre qui rentre accompagné des desservants du presbytère)

Mon père, écoutez : si jamais,
Une femme, une reine, un ange,
Aux divins, suaves attraits,
Voulait savoir la cause étrange
De ma mort, ne laissez pas voir,
Que c'est folie et désespoir...

(Avec égarement)

Dites-lui que mon âme,
Eprise de plaisirs,
N'avait pour nulle femme
De langoureux soupirs ;
Que ma joyeuse vie
Se passait, sans soucis,
A table, bien garnie
De bon vin et d'amis,
A chanter, boire et rire
Des travers du prochain ;
Et, qu'un jour, sans médire,
Ayant pris trop de vin,
Je me fis une entorse,
Abusant de ma force,

Et, que ce grand effort,
Soudain, causa ma mort...

(Il se perce le sein).

LE PRÊTRE

O Seigneur ! Venez à mon aide

(Il prend le bras de Gustave qui reste debout. L'horloge commence a sonner)

GUSTAVE, *il lutte avec la mort. et regarde l'horloge*

Onze heures sonnent au cadran.

LE PRÊTRE

Gustave !

(Le coq chante une deuxième fois).

GUSTAVE

L'heure du remède
A mes maux ! La fin du roman.

(L'horloge finit son carillon; la seconde bougie s'éteint)

Voyez ! la seconde lumière
S'éteint, pareille à la première ;
C'est le second signal
Du démon infernal.

Le temps s'enfuit; courte est la vie
Aux sombres douleurs asservie!

(*Il retire le fer et le remet dans sa gaîne*)

LE PRÊTRE

Au secours! Il est peut-être un moyen
De sauver les jours du pauvre chrétien,
De sa passion fatale victime...

GUSTAVE, *avec un froid sourire.*

Où sont-ils mes torts?

LE PRÊTRE, *examinant Gustave.*

Gustave! tu viens de commettre un crime.

GUSTAVE

Je n'ai nul remords.
Commet-on un crime, en plein jour, sans armes?
Maître, n'ayez pas de vaines alarmes;
Votre cher élève, imitant Thespis,
A voulu jouer un drame gratis.

LE PRÊTRE

Comment? ce serait?

GUSTAVE

Une pure feinte.

LE PRÊTRE

Je n'y comprends rien... Je tremble de crainte.
Venez à mon aide, ô divin Jésus!

GUSTAVE, *regardant l'horloge.*

Deux heures ont là, résonné funèbres,
En sonnant l'espoir et l'amour déçus,
Dans l'âpre douleur... Celle des ténèbres,
Va faire à présent retentir son glas...

LE PRÊTRE, *forçant Gustave de s'asseoir*

Reposez-vous bien... Levez votre bras...
Laissez-moi voir votre blessure.

GUSTAVE

Mon fer restera, je le jure,
Jusqu'à ma mort, dans son étui...
N'ai-je pas bon air, aujourd'hui?

LE PRÊTRE

Préservez-nous, mon Dieu!

GUSTAVE

      D'une insigne folie?
Ou de pure magie? ou d'une arme polie
Dont la pointe acérée atteint l'homme en plein cœur,
Sans effleurer sa peau, sans signe extérieur?...
Je fus ainsi blessé, certes à deux reprises...

    (*En souriant*)

Le regard féminin produit de telles crises.

    (*D'un air sévère*)

Les remords du pécheur ont la même valeur.

LE PRÊTRE

Sainte mère de Dieu, sauvez-nous! La douleur
Se laisse voir au trouble amer de vos pensées;
Votre regard est fixe et vos mains sont glacées,
Je pressens un malheur.

GUSTAVE

      Remettons ce sujet
A plus tard. Je voulais vous dire, quel projet
Absorbait mon esprit, au seuil du presbytère.
Vos élèves et vous, vous étiez en prière,
Autant qu'il me souvient, pour les âmes des morts.

LE PRÊTRE, *levant le crucifix*

Reprenons à genoux.

(*Il appelle les enfants*).

GUSTAVE

Croyez-vous que les corps
Ressuscitent vraiment? Qu'ils vont au purgatoire,
Puis au ciel, aux enfers? Pouvez-vous bien y croire?

LE PRÊTRE

Oui, je crois saintement aux articles de foi
Qu'enseignent l'Évangile et le Christ dans sa loi,
Et que prescrit encor l'église, notre mère.

GUSTAVE

Dogmes de nos aïeux qui reposent en terre...
Pourquoi défendre alors de fêter leurs esprits,
Selon le rite antique, en usage au pays?...

LE PRÊTRE

C'était un culte ancien d'origine païenne,
Condamné par les lois de l'église chrétiénne,
Je dois déraciner les superstitions,
De grossiers préjugés et d'âpres passions...

GUSTAVE, *indiquant le sol*

Les mânes des aïeux m'ont pris pour interprète
De leurs pieux désirs, d'avoir toujours leur fête.
Les pleurs des survivants, sincèrement versés,
Ont plus de valeur certe, au ciel, que flots pressés
De laquais, en gros deuil, de foule curieuse
De voir un beau cortège, à pompe vaniteuse ;
Et le cierge du pauvre, en souvenir du mort
Qui fut bon, dans sa vie, et maintenant s'endort,
Vénéré par le peuple, a plus de vrai mérite,
Que les feux en l'honneur du riche, dont hérite
Un successeur avide, empressé de jouir...
Le miel blond et le lait, qu'au mort on vient offrir,
Répandant sur sa tombe un vase de farine,
Plairont mieux au défunt, par leur pure origine,
Qu'enterrements de luxe et repas somptueux
Qu'accompagnent le rire et l'orgie et les jeux.

LE PRÊTRE

Oui ! c'est la vérité ; mais, la nuit, à la brune,
Ces grands attroupements de tout une commune,
En masse, au cimetière, à l'église, aux caveaux,
Pure sorcellerie, agitant les cerveaux,

Et souvenirs païens d'un culte sacrilège,
Troublent trop les esprits croyant au sortilège,
Aux spectres apparus la nuit, aux revenants...

GUSTAVE

Ils n'existent donc pas?

(*Avec ironie*)

Les siècles précédents
Ont eu grand tort de croire à l'essence de l'âme
Qui revient, sur la terre, errer comme une flamme !
Le monde n'est alors, qu'un engin à ressort
Qui l'oblige à mouvoir, vivre et marcher d'accord,
Ou, comme sur la tour de la cité, l'horloge
Dont les poids sont aux mains du gardien dans sa loge.

(*Avec un fin sourire*)

Mais vous les ignorez ces ressorts et ces poids
Qui font tourner l'engin et la roue à la fois...
Où se trouve la clef, le moteur de ce monde?
Interrogez l'esprit vital; qu'il vous réponde,
Et vous montre l'auteur qui met en mouvement
Les astres et l'azur du vaste firmament!...

(*Aux enfants qui reviennent*)

Consultons, mes enfants, le vieux bureau sonore,

(*S'adressant au bureau*)

Que voulez-vous encore?

(*Une voix du bureau*)

« Trois prières à Dieu, sur votre chapelet... »

LE PRÊTRE, *effrayé*

Suis-je bien le jouet
De mon illusion ? de la raison perdue?
Sacristains, desservants ! Accourez à ma vue!
Allons exorciser... chasser l'esprit malin...

GUSTAVE

Soumettez-vous, mon père, au règlement divin.
Où donc est votre foi dans l'action sublime
De la divinité sur l'être qu'elle anime?

LE PRÊTRE

Qu'exigez-vous de moi, mystérieux esprit?

GUSTAVE

Donnez aux malheureux assistance et crédit.

Voyez la phalène légère
Qui vient brûler à la lumière;
Sous l'aspect de ces papillons
Se cachent des esprits brouillons
Qui, du temps de leur vie humaine,
Aux clairs rayons, par leur haleine,
Servaient de sombres éteignoirs...
Par punition, leurs âmes
Viennent à présent, tous les soirs,
Brûler leurs ailes dans les flammes;
Juste et sévère châtiment
De leur aveugle entêtement.
Regardez fondre, à la chandelle,
Ce papillon tout bigarré:
Il cache, sous sa forme grêle,
Un grand seigneur, d'or chamarré,
Qui, roitelet, boïard ou prince,
Tenait dans l'ombre une province...

Celui-ci, moins grand et plus noir,
Sot censeur, maculait les livres;
Comme un commis trie au blutoir
Farines et grains dans les vivres,

Il effaçait le vrai, le beau,
Mutilant tout à sa manière,
Gardant l'esprit sous le boisseau,
Venimeux comme une vipère.

Voilà de vils et plats auteurs,
Souillés d'encre à plume vénale,
De tout pouvoir lâches flatteurs,
Préférant l'or à la morale...
Ils ne méritent pas, ceux-là,
Suppôts du diable, pleins de zèle,
Qu'on dise un *Ave Maria*
Pour la maudite sauterelle...

D'autres êtres, au ciel, réclament votre appui :
Vos disciples anciens, vos amis aujourd'hui,
Guidés par vos conseils, dans la voie incertaine
Qui mène aux hauts sommets de la science humaine.
De l'espace éternel ayant franchi le seuil,
J'ai vu que leurs péchés, commis par leur orgueil,
Furent cruellement expiés dans leur vie...
Leurs âmes ont besoin qu'on invoque et qu'on prie
La clémence divine, aux pieds du saint autel.

Je ne demande pas mon salut personnel ;
Rien qu'un bon souvenir à votre cher élève,
Dont la vie, en ce monde, a passé comme un rêve,
Et racheté mes torts par des chagrins poignants.
Mon âme est insensible à la joie, aux tourments,
En ayant épuisé la coupe sur la terre,
Et joui du bonheur céleste que n'altère
Nul crime, nul remords... Qui fut au paradis,
Trouva, pour partager ses sentiments exquis,
Un être radieux, l'autre moitié de l'âme,
Se fondit avec elle et s'unit dans sa flamme,
Ayant même pensée, aspirant le même air,
N'a plus, après sa mort, au ciel ou dans l'enfer,
D'autre fin, que l'amour infini pour sa belle,
Que de l'accompagner, comme une ombre fidèle,
De chanter, en commun, la gloire du Seigneur,
Ou de souffrir ensemble, également au cœur,
Les châtiments prescrits par le Juge suprême.

Mon ange, heureusement, est la pureté même ;
Comme mon bon génie, il m'ouvrira les cieux...
J'éprouve en attendant, soit des maux odieux,
Soit un délice immense, au gré de mon amante ;

Quand elle se souvient de mes pleurs, la charmante,
Me sourit en idée, ou m'accorde un soupir,
Je me sens transporté d'aise et, venant m'unir
A sa bouche vermeille, à ces douces pensées,
Je jouis, même au ciel, des voluptés passées...
Mais quand elle repose un regard tendre et doux
Sur un autre mortel, lui rend une caresse,
Je ressens, aux enfers, les tourments des jaloux ;
Dans ma plaie un poignard qui déchire et qui blesse.
J'erre dans l'infini, malheureux, égaré,
Désirant le retour du bel ange adoré..,
Par sa protection, avec son aide sainte,
Un jour je franchirai des cieux la claire enceinte.

(L'horloge recommence à sonner)

(Il chante)

Tel est l'ordre éternel
Qui régit notre sphère ;
N'entre pas vite au ciel,
Qui l'eut déjà sur terre.

*L'horloge cesse de sonner, le coq chante, la lampe s'éteint devant
l'image de la sainte Vierge ; Gustave disparaît.*

(*Le chœur reprend et répète la même strophe*)

Tel est l'ordre éternel
Qui régit notre sphère ;
N'entre pas vite au ciel,
Qui l'eut déjà sur terre.

FIN DU POËME

EDOUARD ODYNIEC

AVANT-PROPOS

Antoine-Edouard Odyniec, est né l'année 1804, dans le gouvernement de Vilna, en Lithuanie. Homme de lettres et publiciste distingué, il éclaire encore la Pologne de son flambeau poétique, habitant depuis nombre d'années Varsovie. Il est le dernier survivant de la remarquable pléiade des jeunes élèves de l'université de Vilna, comtemporains d'Adam Miçkiewicz, doués, comme lui, du feu sacré de l'art et d'un ardent patriotisme. Ami intime et constant dn régénérateur génial de la poésie nationale, il garde le reflet et l'empreinte du grand maître. Il débuta dans la carrière littéraire par de charmantes ballades originales, dont les plus populaires, gravées dans la mémoire de tous ses compatriotes lettrés, sont : *Noces et Festin*, *la Captive*, et d'autres, qu'on trouvera reproduites dans mon recueil. Admirateur enthousiaste de Byron, il traduisit quelques-uns de ses poëmes, sachant leur donner la verve et la saveur de produits originaux ; il écrivit aussi des drames, des poésies lyriques, de remarquables articles pour le dictionnaire encyclopédique, et fut, pendant vingt ans, le rédacteur en chef d'un journal, le *Courrier de Vilna*. Bien qu'il combattît dans sa jeunesse, sous le drapeau du romantisme qui s'efforçait d'affranchir la littérature des entraves d'une routine surannée, il conserva, dans sa forme plutôt didactique et dans son style châtié, les traditions d'un classicisme épuré, tâchant d'exprimer dans un langage attique les sentiments nobles et élevés qui se retrouvent dans ses œuvres, comme dans toutes les actions de ce penseur moral et chrétien. Le cadre de mon ouvrage, qui a déjà atteint des proportions trop considérables pour l'indulgente attention de mes lecteurs, ne me permet de traduire que quelques échantillons les plus populaires de l'aimable vieillard qui a gardé, à son âge, toute la fraîcheur juvénile de ses premières productions littéraires. Il fut, comme je l'ai dit, l'ami et le compagnon de voyage de Mickiewicz, en Allemagne et en Italie. Il vient de publier, sous forme de lettres et en prose, le récit intéressant de leur commune odyssée, nous admettant dans la curieuse intimité du grand poëte et émaillant, par-ci, par-là, sa narration de petits vers de circonstance qui prouvent, par leur élégance et leur bon goût, que la verve poétique de l'auteur septuagénaire est loin d'être tarie. — Les salons de Varsovie briguent l'honneur de sa présence. Sa sage expérience de la vie, la douceur et l'aménité de son caractère en font l'hôte aimé et sympathique de la bonne société désireuse d'écouter ses vers fins et spirituels. Tout talent nouveau s'enorgueillit de sa bienveillante protection. Me fiant aussi à son extrême indulgence, j'ose lui offrir le présent travail et sans vouloir émuler avec l'éminent interprète qui sut si bien rendre en polonais les beautés poétiques de Byron, de Moor et de Walter Scott, j'espère que son accueil me sera plus favorable que l'arrêt hautain de la critique de Cracovie.

A MONSIEUR

ANTOINE-EDOUARD ODYNIEC

L'ÉMINENT INTERPRÈTE

DE

BYRON ET D'AUTRES POETES ANGLAIS

Votre aimable talent, trop humble, en vérité,
Se plaisant à briller d'un éclat emprunté,
Voulut nous révéler de Byron le génie,
En beaux vers, merveilleux de rhythme et d'harmonie.
Compagnon et l'ami du grand poëte illustre [1],
Qui répandit au loin gloire et nom polonais,
Vous achevez en paix votre quinzième lustre,
Couronné de lauriers, modeste en vos succès.

Charles DE NOIRE-ISLE.

Paris, novembre 1879.

---

(1) Adam Mickiewicz.

BALLADES, LÉGENDES

POÉSIES LÉGÈRES

I

NOCES ET FESTIN

La musique vibre et résonne
Dans le château du castellan ;
Le bruit assourdit le trombone,
Le vin circule avec élan,
La foule est bruyante et joyeuse ;
Seule, l'épousée est rêveuse...

Rien de surprenant. Elle a l'air
D'une fleur qu'effeuille la brise...
Chardon desséché par l'hiver,

Le staroste, uni par l'église,
N'est guère beau, mais riche et vieux,
Il plaît au beau-père orgueilleux

Qui, satisfait, mène la danse,
Tout fier de la belle alliance,
Suivi des nobles conviés ;
Quand, près des nouveaux mariés,
Surgit tout à coup, en armure,
Un nouvel hôte d'aventure.

Le castellan à son aspect,
Court au devant et l'interpelle,
Lui lançant un propos direct :
« Pour éviter toute querelle,
Veuillez, monsieur quitter mon seuil,
Trop élevé pour votre orgueil. »

— « Je l'ai franchi pourtant en armes,
Sans causer de vaines alarmes. »
Dit l'arrivant, avec froideur :
« En dépit de votre roideur,
En Pologne, tout gentilhomme
Vaut bien un castellan, en somme. »

Le châtelain, dans sa fureur,
Ne sait plus cacher sa colère.
« Amis, » dit-il avec aigreur :
« Donnez-moi votre aide sincère,
Chers convives, tombons dessus ;
Mettons à la porte l'intrus. »

A la voix de l'hôte, alarmante,
Ils cessent la danse entraînante,
Tirent leurs sabres du fourreau,
Et s'adressent au jouvenceau :
« Quittez sur-le-champ la demeure,
Ou vous serez sabré sur l'heure. »

Mais l'inconnu, le glaive en main,
Plein d'audace, répond soudain :
« Nobles seigneurs ! Je fends la tête
Au premier qui me touche... Oui-dà ;
Je ne suis pas un trouble-fête,
Pour déranger votre gala.

« Je ne veux pas chercher querelle,
Seulement boire à la santé
De l'épousée, aimable et belle,

Acclamer sa grande beauté,
Et faire ensemble un tour de danse,
En lui souhaitant bonne chance.

« J'aurais défendu mon pays,
Bravement, de ses ennemis,
Affrontant combats et blessures,
Pour me voir dire des injures
Par un insolent hobereau
Qui joue au roi dans son château?!... »

— « Il parle d'or, en gentilhomme!
Vous pouvez rester de plein droit,
Sans craindre qu'on ne vous assomme.
Au diable les grands et leur toit!
Nous saurons niveler la tête
Du seigneur trop vain de sa crête. »

Dit la foule : « Allez avec nous
Féliciter l'heureux époux,
Puis saluer la mariée
Peut-être, un peu mortifiée,
D'avoir dû faire un pareil choix...
Et dansons ensuite à la fois... »

On mène le nouveau convive
A la fille du castellan ;
Celle-ci, plus morte que vive,
Est assise sur un divan ;
Père et mari, tremblants de crainte,
Ont disparu sans nulle plainte.

Marie alors, pâle d'effroi.
Ne peut maîtriser son émoi,
En reconnaissant le visage
Du guerrier qui lui rend hommage,
Et, faisant à peine deux pas,
Tombe, sans force, dans ses bras.

« De l'eau, du vinaigre au plus vite ! »
On crie et l'on se précipite ;
Mais avant que l'aide ne vînt,
Le brave jeune homme intervint,
Et dit à la belle, à l'oreille,
Un mot qui la rendit vermeille.

— « Buvons messieurs, à notre tour,
En l'honneur du sincère amour. »
Dit-il au monde, offrant sa coupe

Aux assistants qui font chorus ;
« Puisse brûler, comme l'étoupe,
Tout cœur qui se vend à Crésus. »

— « Il a bien dit. La chose est sûre ;
L'amour est une pomme mûre,
Que sait cueillir l'audacieux ;
Et le cœur se livre en partage
Au plus aimant, sinon plus sage ;
Tous ont droits égaux sous les cieux.

« Hé l'orchestre ! Une polonaise ! »
Les couples, causant à leur aise,
Poursuivent la danse, pressés ;
Et l'inconnu, toujours en tête,
Guide en main sa belle conquête,
Suivi des hôtes empressé.

Il enfile une allée ombreuse,
Là, s'arrête avec sa danseuse
Qui tourne autour en ronds joyeux,
De suite imités par la foule
Qui tourbillonne et se déroule,
Ne voyant plus clair dans les yeux.

Le calme renaît dans l'allée :
Mais dans le trouble et la mêlée,
Le premier couple a disparu...
S'est-il perdu dans la charmille?
S'est-il glissé comme une anguille?
Par où? Comment?... Nul ne l'a vu...

La cour résonne et, par la porte,
Un coursier, qu'on talonne, emporte
La mariée et son sauveur...
« Amis courons à leur poursuite.
Qui les atteindra, dans leur fuite,
Pourra compter sur ma faveur... »

Dit le castellan pâle et blême;
Et le staroste était de même...
Ils montent bien vite à cheval,
Promettant trésors et richesse,
Pour rejoindre, en toute vitesse,
Le couple fuyard déloyal.

« Compagnons! C'est peine perdue.
Ils sont loin, déjà, hors de vue. »
Observe un des hôtes tout haut :

« A-t-on le droit de perdre un frère,
Pour de l'or, offert à l'enchère?
Sombre est la nuit, » dit le finaud.

— « Ma foi ! Votre raison est bonne. »
Reprennent, en humeur bouffonne,
Les convives pleins de gaîté :
« Au lieu de poursuivre la paire,
Passons ici la nuit entière
Et vidons le vin apprêté... »

Ils firent ainsi à leur guise,
Satisfaisant leur convoitise,
Et quittèrent, gris, le logis...
Le castellan, dans sa déroute,
Laissa son gendre sur la route...
Voilà tout... Plus rien je n'appris.

II

LA CAPTIVE DU LITHUANIEN

« Trêve aux larmes, belle Sarmate,
Fille sensible et délicate !
Tous mes compagnons sont partis,
Chargés de leur butin conquis,
Emportant or, bijoux, esclaves...
En vain, fière enfant, tu me braves,
Il nous faut rejoindre les miens.
Vive ou morte, tu m'appartiens.

« Tes prières sont inutiles ;
Tes cris, tes soupirs sont stériles ;
Je t'enlève sur mon coursier,
Dans les bras d'un rude guerrier...
Au retour en Lithuanie,
Exempte de toute avanie,

Sous ma pelisse en poil de loup,
Ne crains nul affront et nul coup.

« Suis-moi, ma gentille captive...
Pourquoi pleurer pâle et craintive,
Ton vieux logis et ton hameau
Qui brûle, au ciel, comme un flambeau?
Ton fiancé, dans sa démence,
Voulut lutter, pour ta défense ;
Il crut pouvoir te délivrer...
Mordant, à présent, la poussière,
Le malheureux vient d'expirer;
Il ne verra plus la lumière.

« La pauvre enfant se trouve mal ;
Elle frissonne, elle chancelle ;
En vérité, j'ai pitié d'elle;
J'admire son air virginal...
Reviens à toi, beauté mignonne !
J'aurai grand soin de ta personne.
Près d'une eau claire, dans les bois,
Tu trouveras, dans ma demeure,
Un sûr abris pour ton minois,
Une nourriture meilleure

Qu'à la maison, mes greniers pleins
De chanvre de laine et de grains ;
Tu mangeras de la semouille,
Tu fileras d'une quenouille,
Et tisseras la toile, aux sons
De tendres et douces chansons...
Et, peut-être, mon fils unique,
Revenant du pays Teuton,
S'il trouve ton cœur sympathique,
T'offrira son glaive et son nom.

Il est connu, dans sa patrie,
Pour sa force et sa crânerie,
Dans les combats, comme aux festins.
Il n'a pas les traits moux et fins
De ton bel amoureux imberbe,
Sans vie, étendu là sur l'herbe...
Dans la lutte c'est un taureau ;
Pareil à Perkoune [1] à la guerre,
Il lance, au loin, foudre et tonnerre ;
Au repos, il est fier et beau ;

---

[1] Le Jupiter des Lithuaniens.

A la bataille, il est terrible,
Et dans l'amour, irrésistible...
Que vois-je? Elle ne gémit plus
Et, mollissant dans son refus,
Elle saute sur ma monture,
Un doux sourire à la figure
Qui paraît, rouge, tout en feu,
Dire à sa terre un tendre adieu.

« Serre-moi, de tes bras, la taille,
Tiens-la comme en une tenaille;
Et maintenant, dans mon élan
Je vais voler sur mon alzan...

« Que se passe-t-il dans ton âme?
Pourquoi regardes-tu la flamme
Du manoir qui brûle, à côté?...
Fuyons, ma sauvage beauté!...

« Voyez un peu... La créature
Vient de glisser de ma monture...
Si je ne l'atteins pas, mon dard,
Plus prompt, punira son écart!...

« Ciel! elle va, dans sa folie,
Se jeter dans l'ardent brasier...
Attends! Je pardonne et j'oublie
Ton délit... Reprends l'étrier...

« Sans prendre garde à ma prière
Elle court droit à la lumière...
Plus vite! En avant, mon coursier!
Courons la *sauver* du foyer...

« Elle s'est perdue à ma vue...
Malédiction! Sous la nue,
Sa robe blanche flotte à l'air,
Rougie au feu de cet enfer!...

« Si jeune et belle! C'est dommage!...
Certe, elle a montré du courage,
Et méritait d'être le bien
D'un brave lithuanien. »

III

LES PÉCHÉS D'AUTRUI

(Parabole)

Un digne prélat prêchait ses ouailles,
 Faisant passer au laminoir
Leurs péchés mignons et livrait batailles
 Aux omissions du devoir.

Une femme pâle et toute tremblante
 De frayeur, arrive soudain,
Traverse la foule, accourt, suppliante,
 Et tombe aux pieds du chapelain.

« O pitié, Seigneur! » dit, surpris, le prêtre
 A la pauvre, à l'œil égaré ;
Il promet le calme au malheureux être,
 Au délit le pardon sacré.

« Je n'ai nul péché sur ma conscience !
   Répond-elle, à genoux, en pleurs,
Mais ceux du prochain et sa défaillance
   Me causent soucis et douleurs...

« Je connais pour moi la route céleste ;
   Mais pour y conduire les miens,
Et pour les sauver du vice funeste,
   J'ai besoin d'avis, de soutiens.

« Je fais mal peut-être, en pleurant sur terre
   Les erreurs de mes chers parents,
Qui les priveront, malgré ma prière,
   De la vie aux cieux éclatants... »

L'indulgent chanoine alors, l'examine
   En grave méditation,
Voulant la soumettre à la discipline
   D'une longue confession.

« C'est fort beau, dit-il, de venir en aide
   A son prochain ; de le sauver...
Pour qui cherchez-vous, si jeune, un remède ?
   Quel mal voulez-vous enlever ? »

— « Mes frères, mes sœurs, mon père et ma mère,
    Toute ma famille, en un mot,
Plaisante et sourit au devoir austère
    De mon recueillement dévot... »

— « Mais qui donc alors vous apprit, ma fille,
    Les règles de la piété,
L'amour du bon Dieu ? si votre famile
    Brave ainsi son autorité... »

— « Je vous dirai tout, dans la sainte église
    Où je veux soulager mon cœur !...
La conviction de me voir comprise,
    Change mon chagrin en bonheur,

« Certe on m'inculqua les premiers principes
    De la morale et de la foi.
Chez mes vieux parents, vrais et parfaits types
    De l'ancien respect pour la loi.

« On dit le matin la prière ensemble...
    Puis, on pense à se divertir,
Plus qu'il n'appartient à l'homme, il me semble,
    De s'adonner au vain plaisir.

« Ils m'auraient rendue et futile et vaine,
    Si je n'avais, à la maison,
L'exemple pieux qu'offrait ma marraine,
    Toujours en fervente oraison.

« Je compris l'élan d'une âme parfaite ;
    Sous sa sage direction,
Je fis, au couvent, neuf jours de retraite,
    Et d'intime dévotion.

« Je pratiquais, là, l'existence sainte,
    Vouée à la gloire de Dieu,
Et je me complus, dans la douce étreinte
    Du cœur de Jésus, en saint lieu. »

Le prêtre encor dit : « Savez-vous, ma chère,
    Les devoirs, les lois et le but
De la vie humaine, imposés sur terre
    A l'âme, aspirant au salut? »

— « Je n'en ai pas certe une claire idée ;
    Mais les grands préceptes pieux,
Les livres divins m'ont toujours guidée,
    Et montré le chemin des cieux.

« Mon esprit voulait faire l'analyse
  Des exercices ordonnés,
Des jeûnes, prescrits par la sainte église,
  Dans mes francs aveux spontanés.

« Ce fut le début du poignant martyr
  Que je subis parmi les miens,
Plus cruel, vraiment, que je n'ose dire,
  Du chef de mes parents chrétiens.

« Mon vieux père est bon, actif dans sa sphère,
  Strict observateur de la loi ;
Mais trop occupé du monde, il préfère
  Les bonnes œuvres à la foi.

« Brave, généreux, il est équitable
  En parole et dans l'action,
Aimant le prochain, juste, charitable ;
  Mais il hait la dévotion...

« Parfait citoyen, servant sa patrie
  Avec zèle et fidélité,
Il n'a que mépris pour la rêverie
  Qu'il nomme pure oisiveté.

« Epris d'art, humain, il pose en modèle
    D'homme pratique et sérieux,
Et ne songe pas à l'âme immortelle
    Qui survit à la tombe, aux cieux.

« Lorsque je lui cite un divin prodige,
    Et lui montre mon âme à nu,
Il m'appelle sotte, ou rit et m'inflige
    Le surnom d'esprit ingénu. »

— « Et vous alors ? » — « Moi, je reste muette,
    Mais, en repassant dans l'esprit,
Que mon pauvre père et son épithète
    Offensent Dieu, j'ai du dépit...

« Mon père voulut d'abord me distraire,
    Ensuite appela le docteur,
Me croyant malade ; et, d'humeur légère,
    Il croit être un réformateur...

« Sceptique et, niant la grâce divine,
    Il pèche par excès d'orgueil...
J'ai peur, qu'irrité, Dieu ne l'extermine,
    En le brisant à cet écueil.

« Ma mère, en son cœur, me comprend et m'aime,
  Mais, craignant mon père, elle a peur
De lui déplaire, humble et faible elle-même,
  Trop timide, dans sa frayeur.

« Certe, elle m'approuve en somme, et m'écoute,
  Lorsque je parle, avec transports,
Puis, voyant mon père hostile, elle est toute
  Interdite, et se tait alors.

« Pour me consoler, elle me caresse,
  Passant sa main dans mes cheveux ;
« Je dois à l'époux respect et tendresse,
  Suivant l'exemple des aïeux. »

« Dit-elle tout bas. N'est-ce pas, mon père,
  Que c'est comprimer tout essor
Au cœur de la femme, obligée à plaire,
  En vile esclave, à son mentor?

« Je lui dois amour et reconnaissance
  De ne m'imposer nul travail ;
Comme Madeleine, en ma conscience,
  Je puis méditer en détail.

« Elle a chargé des soins du ménage
   Ma sœur Marthe, dans la maison,
Qui de cinq ans est ma cadette, en âge ;
   Mon père vante sa raison,

« Et la cite en tout... « Bon modèle à suivre,
   Me dit-il, d'un ton déplaisant :
« Elle est enjouée et facile à vivre,
   Sans avoir votre air suffisant. »

« Marthe est une épine aiguë en ma vie ;
   Elle plait aux francs débauchés,
Par des qualités que la foule envie,
   Mais qui sont d'énormes péchés.

« Elle cherche à plaire et flatte le monde,
   En quête d'admiration ;
Lance des regards coquets à la ronde,
   Ayant pour seule ambition,

« D'avoir une cour brillante et nombreuse,
   D'adorateurs jeunes ou vieux ;
Elle est dans la joie et se trouve heureuse
   D'attirer sans pudeur les yeux.

« Sans exception, ses agaceries
  S'adressent à tous, même aux gens
Qu'elle veut charmer par ses flatteries,
  En captivant et cœurs et sens.

« Seule, je résiste, et je lui tiens tête,
  Blâmant sa feinte aménité...
Je la plains, vraiment, d'être la conquête
  Du démon de la vanité...

« Je prends en pitié les sots ridicules
  Qui, se laissant prendre aux mamours
D'une évaporée, admirent, crédules,
  Ses jolis yeux et ses discours.

« Je la vois et crains de tomber en faute,
  Au contact du vice odieux,
Et de n'être pas pleinement dévote,
  Dans mes exercices pieux...

« Je viens implorer la sainte assistance
  Du confesseur du cœur humain,
Pour vaincre et dompter par ma patience
  Les graves péchés du prochain. »

Le bon vieux curé, relevant la femme,
　　La plaint, avec compassion,
Et, se recueillant, cherche dans son âme,
　　Une heureuse inspiration :

« Nous péchons, dit-il, tous, tant que nous sommes.
　　Les plus vertueux sont pétris
Du même limon que les autres hommes,
　　Mais ils sont humbles et contrits.

« Le présomptueux qui voit une paille
　　Dans l'œil malade du prochain,
Ne voit pas le mal qui l'use et travaille,
　　La poutre dans son œil malsain.

« En effet, peut-on faire disparaître
　　Le désordre dans sa maison,
Si l'on veut toujours voir par la fenêtre,
　　Ce qui se passe à l'horizon?

— « Est-ce moi, l'objet de votre homélie,
　　Mon père ? Excusez mon aveu ;
Mais je suis modeste, et je concilie
　　Le zèle avec l'amour de Dieu.

« Je veux convertir, soit par ma parole,
　　Soit par mes actes le prochain. »
— « Ecoutez, ma fille, une parabole,
　　Au sujet de votre dessein :

« Un jeune soldat enviait la gloire
　　Du chef d'armée et ses lauriers ;
Comme il remportait succès et victoire,
　　A la tête de ses guerriers ;

« Son art d'allier la ruse et l'audace
　　Au renom d'exploits éclatants ;
Il briguait l'honneur d'obtenir sa place,
　　Se croyant l'un des plus vaillants.

« N'est-ce pas? le roi ne pouvait d'emblée
　　Le nommer chef, ou général,
Avant d'éprouver sa valeur, scellée
　　D'un grand talent et spécial,

« Qui s'acquiert au feu, par l'expérience,
　　Non dans les livres du métier?
La pratique vaut mieux que la science,
　　Pour faire un habile guerrier. »

— « Cela me concerne? » — « Oui, votre marraine
    Est un modèle de vertus ;
Sa grande bonté, sainte et souveraine,
    Guide les âmes à Jésus.

« Vous avez raison de suivre sa trace
    Lumineuse qui mène au bien,
Où tend son mérite, au ciel efficace,
    Et qu'exerce son cœur chrétien.

« Mais, tout en l'ayant, comme point de mire,
    Travaillez, pour vous corriger.
Certe, il faut, pardon, que j'ose le dire,
    L'imiter et non la singer.

« Le singe, imitant des gens la démarche,
    Ne devient pas un être humain :
Bien qu'il prenne l'air d'un homme et sa marche,
    L'effort reste stérile et vain.

« On distingue, au bien qu'ils font, les apôtres,
    Non à leurs discours, les plus beaux.
Vous devez, avant de juger les autres,
    Connaître d'abord vos défauts.

« Votre noble père a de grands mérites ;
   A tous, Marthe fait bon accueil ;
Votre mère fait le bien sans limites ;
   Vous seule, péchez par orgueil... »

— « J'ose avoir, bon père, un avis contraire,
   Au sujet de mes qualités... »
— « Croyez un vieux prêtre, en cette matière.
   A genoux ma fille, écoutez

« La voix du Seigneur qui parle en ma bouche :
   Revenez à votre couvent ;
Docile aux conseils, soyez moins farouche
   Et plus humble dorénavant...

« Je viendrai juger, dans une semaine,
   Du bon état de votre esprit ;
Ou si, par malheur, ma leçon est vaine,
   Expulser le démon maudit. »

IV

LES HIRONDELLES

Ne jalouse pas, hirondelle,
    Le chant du rossignol ;
Rapide, comme l'étincelle,
    Est, sur terre, ton vol,
Quand à l'aurore, sur l'herbette,
    Tu prédis les beaux jours !

Le rossignol et la fauvette
    Roucoulent leurs amours,
Dans les bosquets, sur la prairie ;
    Toi seule, à la maison,
Tu chantes l'époque fleurie
    De la belle saison.

Sans envier l'aigle sublime
    Qui plane au firmament,

De nos hameaux cher hôte intime,
Tu rases prestement

Nos guérets et nos pâturages,
Dans des cercles joyeux,
Pour t'élever dans les nuages,
Par des ronds gracieux.

Aigles et faucons ont leurs aires,
Sur les monts, dans les bois;
Mais les hirondelles légères
Font leurs nids sous nos toits.

Les farouches oiseaux de proie
Vont chasser sur nos champs;
Des enfants vous faites la joie,
Au retour du printemps.

Gais et contents, à votre vue,
Parmi les verts buissons,
Ils vous donnent la bienvenue
Par de douces chansons.

Viens encor, gentille hirondelle,
Réjouir le foyer ;
La verdure fraîche et nouvelle
T'attend sur l'espalier...

V

LE DERNIER TOAST

Versez à boire ! Amis, je bois à vos santés,
Une dernière fois. Les moments regrettés
De nos doux entretiens, me seront, en voyage,
Le plus cher souvenir de votre patronage.
Sourions à la joie ! A quoi bon s'attrister,
Songeant au lendemain, avant de nous quitter ?
Les soupirs, les soucis m'attendent à la porte ;
Qu'un avenir prochain, dans ses plis les emporte,
Et me laisse jouir d'une franche amitié !
Puisse le sort clément, tous, nous prendre en pitié,
Epargner à nos cœurs les chagrins de la vie,

La douleur sans espoir, le venin de l'envie...
Fêtons l'heureux instant, le plaisir d'être unis !
Oublions le départ, au joyeux cliquetis
Du cristal pétillant de liqueur enivrante !
Buvons au prompt retour, à son aimable attente !
Dieu sait quand nous pourrons réunir de nouveau
Nos esprits et nos cœurs en solide faisceau...
Votre mémoire, amis, n'importe où je me trouve,
Le tendre et cordial sentiment que j'éprouve
Pour votre sympathie et pour vos bons souhaits,
Me suivront en chemin, primant tout désormais.
Puisse le vin changer en poison dans ma coupe,
Si j'oublie, un instant, votre bienveillant groupe.

Souvenez-vous aussi de votre compagnon,
Et gardez-lui toujours, près de vous, une place,
Resserrant les liens et la sainte union
D'âmes, qui sont d'accord, dans leur amour vivace
Pour le juste et le beau... Privé de votre appui
Que ferais-je en effet, dans le monde aujourd'hui ?
Votre conseil me sert d'étoile et de boussole,
Et soulage mes maux, me guide et me console.

La sonnette de poste aux chevaux attelés,
Fait entendre le son de ses notes aiguës
Qui vibrent de l'oreille au cœur des exilés,
Comme le glas funèbre aux âmes abattues.

Messieurs! que votre rire assourdisse ces sons!...
Faites-les taire au bruit de plaisantes chansons.
Buvons au doux revoir une dernière goutte,
Scellons-là d'un baiser qui me console en route...

Mais que vois-je, grand Dieu! des larmes dans le verre!
Gage d'émotion d'un cœur tendre et sensible!...
Passe le verre, ami... Tu voudrais boire en vain.
La liqueur ne peut vaincre un spasme irrésistible
Qui serre ton gosier, sous le poids du chagrin...
Laisse-moi le vider d'un trait, le front serein.
J'ai trouvé le remède à mes sombres alarmes,
Un trésor précieux... dans tes cuisantes larmes.

VI

ELLE ET LUI

LUI

Ecoute un mot, ma charmante !
Toute femme, toute amante,
A-t-elle si peu de cœur?...
A quoi bon tant de rigueur?...

Pourquoi répondre à ma flamme,
Au pur élan de mon âme,
En souriant de pitié,
Par un froid mot d'amitié?...

Si les femmes, par décence,
Montrent cette indifférence,
Je ne ferai plus la cour
A la plus belle, en amour...

ELLE

J'éclate vraiment de rire...
Tout jeune homme, qui soupire,
Voudrait nous voir à loisir
Lui répondre, à son désir ..

Une telle repartie
Blesserait la modestie...
La raison, sinon le cœur,
Pourrait blâmer notre ardeur...

Nous vous connaissons, beau sire !
Vous nous offrez un empire...
Et puis, après notre aveu,
Vous perdez tout votre feu...
Ça m'est bien égal du reste...

LUI

Ce n'est pas vrai : je proteste...
De vains propos...

ELLE

      Vous trouvez ?
Bonjour... Je les ai rêvés,
Certes...

LUI

Restez.

ELLE

Impossible.
Ma mère m'appelle au bois...
Elle sort, souple et flexible,
Le fixant d'un air narquois.

L'amoureux alors médite ;
Il réfléchit... il hésite...
Et suit la jeune beauté,
Après s'être consulté...

« Comment lui chercher querelle?...
« Quand elle dit vrai, ma belle...
« Je serais moins empressé,
« A son amour confessé... »

VII

LA PERFECTION

AN

Euréka ! Je l'ai, sans peine,
La perfection humaine !

BEN

Où ?...

AN

Dans Claire.

BEN

Qui l'a dit ?

AN

Elle et moi.

BEN

C'est elle-même ?

AN

Certes.

BEN

Mais...

AN

  Cela suffit
Pour résoudre le problème.

BEN

Le prochain dit-il autant?

AN

La mère, et c'est l'important,
Sourit, muette en extase;
La sœur, sans faire de phrase,
A mon admiration,
De son ravissant visage,
Hoche le menton, en gage
De son approbation...

Aussi, quelle force d'âme!
Qu'on la loue, ou qu'on la blâme,
Elle suit en liberté,
Son unique volonté...

Active et bonne ouvrière,
Elle commence, à la fois,
Dix objets, qu'à sa prière,
Sa sœur achève, à son choix...

Un peintre, sur sa palette,
N'a vraiment pas la couleur
De l'attrayante rougeur
Qu'elle trouve à sa toilette...

Elle se coiffe avec goût,
Et, dans sa mise artistique,
Elle brave la critique
De sa sœur qui rit de tout...

Son esprit a sur le monde
Des jugements arrêtés ;
Elle voit si bien... qu'elle abonde
En mérite et qualités...

Amateurs de la satire !
Répondez-moi, sans sourire :
Vîtes-vous, en action,
Pareille perfection ?...

VIII

LE FARFADET

Esprit lutin, je ris sans nuire,
Je m'amuse, sans les détruire,
    Des travers des humains;
Je n'aime ni ne crains personne;
Invisible et d'humeur bouffonne,
    Je poursuis mes desseins...
        Fustigeant les vices,
        Offrant mes offices;
        Pénétrant partout,
        Je vois, je dis tout.

L'été, je surprends dans les ondes
Du lac uni, les filles blondes
    Qui se baignent le soir;

J'aime à les voir folâtrer nues,
Et plonger de peur d'être vues,
Dans l'humide miroir...
Voyant, à la nage,
Non loin du rivage,
Leurs charmants attraits,
Je lance mes traits...

Je glisse sous forme d'anguille,
Et les effleure à la cheville,
Riant de leur frayeur...
Puis, je me change en une mouche,
Et voltige de bouche en bouche,
Ne leur faisant plus peur...
Seul, avec l'étoile,
Je les vois sans voile,
Et, charmé, je ris
De leur air surpris...

Souvent aussi, au clair de lune,
Je visite, au lit, blonde ou brune,
Epiant leurs secrets
Cachés le jour, au fond de l'âme,

Et dont la nuit trahit la trame,
En aveux indiscrets.
Je ris, quand je songe,
Que tout est mensonge
Dans ce monde vain,
Eloge et dédain...

J'apparais en rêve, et je change
L'amoureux, soit en un doux ange,
Au désir des beaux yeux;
Soit en démon qui de sa flamme
Saisit et brûle la pauvre âme,
En des ébats joyeux.
Riant de la belle
Qui se croit fidèle,
Quand vient le matin,
Je fuis en lutin...

Je la revois, devant sa glace,
En chemise, lorsqu'elle lace
Son buste virginal,
Et que son ravissant visage
Sourit à sa jolie image,
A son bel idéal!...

La jeune coquette
Rit à sa toilette,
Sans croire au venin
De l'esprit malin...

Pour lui faire voir sa malice,
J'accours me mettre à son service,
Embrouillant ses cheveux ;
Elle a beau retresser ses nattes,
Je les déroule dans mes pattes,
Riant des cris nerveux
Poussés par la vierge ;
Et je me goberge
Voyant son dépit,
Car il l'embellit...

Je connais bien le cœur volage
Et les faux pas de la plus sage,
Au pudique maintien ;
Mais pour un empire sur terre,
Je n'en trahirais le mystère,
Et ne dirai plus rien...

Confident des belles,
Oui, même infidèles,
Je reste muet,
Foi de farfadet!

IX

LE SONNET

D'où vient que le sonnet est le cadre employé
Par le poëte épris, pour dépeindre sa flamme?
Est-ce pour mieux former aux stricts liens son âme,
En coulant son amour dans un moule trié,

Et, brisant tout obstacle à la rime allié,
Pour le fondre en beaux vers dans le cœur de sa dame?
C'est peut-être une énigme, amenant chute et blâme,
Quand on la résoud mal; ou triomphe envié,

A qui trouve la clef... Elle est en main du maître
En amour, dans le feu de l'inspiration,
Qui fait jaillir les mots, en gerbes, de son être,

Et trouve au sentiment la juste expression...
Le sonnet agréé par l'amante, fait naître
A son front, la rougeur de tendre passion.

X

DEUX FABLES

1

LES ROBES A TRAINE

La servante maudit les robes d'une lieue,
En les époussetant, le matin ; le passant
Fait de même, en marchant dessus ; l'époux prétend
Qu'elles coûtent trop cher, en raison de la queue
Qu'exige et veut la mode... Et la femme, en tyran,
Se prélasse toujours dans sa traîne difforme...
Quelqu'un dit : « C'est dans l'ordre. Observez chez le paon :
« Sa tête est bien petite, et sa queue est énorme. »

2

L'AIEUL ET SON PETIT-FILS

Il était question de ces tables tournantes
Qui portèrent le trouble aux esprits sérieux.
Un jeune élève, imbu des méthodes pédantes
Des penseurs allemands, dit d'un ton précieux,
A l'aïeul, un croyant : « Les têtes de linotte
Peuvent croire aux crayons, aux tables, aux esprits
Qui se montrent à l'âme, en oraison dévote... »
Le vieillard lui répond : « Trêve à votre mépris
Pour la religion... Certes, je crois, sans honte,
A la sainte Ecriture, à ce qu'elle raconte;
Mais non aux beaux discours des doctes professeurs
Qui veulent savoir mieux, que nos bons confesseurs...
Si le diable en effet, ne tourne pas les tables,
Il tourne le cerveau de vos esprits capables. »

XI

LE PÉNITENT

Le saint-père, pendant la messe,
Vêtu d'habits sacerdotaux,
Bénissait le peuple, en liesse
De voir ses péchés capitaux
Absous, par la grâce divine
Du pape de sainte origine.
La foule à genoux écoutait
Le Verbe divin et pleurait.

Au moment, où le saint mystère
Allait s'accomplir sur l'autel,
Sous la voûte du sanctuaire,
Pour le salut de l'âme, éternel,
Voyant un meurtrier atroce,
L'archipasteur, dans son émoi,
Laisse tomber des mains sa crosse,
Frémit et pousse un cri d'effroi :

« Parmi nous, dans notre assistance,
Dit-il, se cache un criminel
Qui nous souille de sa présence
Et n'entrera jamais au ciel...
Le grand crime de ce coupable,
Indigne d'absolution,
Attire sur le misérable
L'éternelle damnation...

« Quitte à l'instant même l'église,
Vil agent d'horribles forfaits ;
Ton seul aspect nous scandalise...
Sors ! sinon je te maudirais... »
Ces mots s'adressaient au pauvre homme
Qui, sous l'habit de pèlerin,
Venait du Nord chercher à Rome,
Un refuge à son noir chagrin.

Il vivait dans la ville sainte
De jeûne et de privation,
Cachant son vrai nom, dans la crainte
D'exciter l'indignation.
Condamné par le sort qui frappe
Les plus puissants, il priait Dieu,

Quand interpellé par le pape,
Il quitta, pleurant, le saint lieu,

Pour retourner dans sa patrie,
Où scintille, en verte prairie,
La Vistule aux flots argentés...
En proie aux remords redoutés,
Il n'osa franchir les Karpathes
Qui bordaient au sud ses pénates,
Et revint au couvent du vœu,
Baigné par le Danube bleu...

Il suit un sentier qui serpente
Entre des rochers ténébreux,
Dont l'aspect est plein d'épouvante,
Et gagne, par un chemin creux,
Une grotte dans un bois sombre,
Où règnent le mystère et l'ombre,
Sous le mur à pic des coteaux
Qui surplombent en noirs arceaux.

L'âpre sommet de la montagne
Empruntait un reflet vermeil

Aux derniers rayons du soleil
D'un soir d'automne à la campagne;
L'aigre sonnette du couvent
Mêlait ses sons à ceux du vent;
Un vieillard, assis sur la pierre,
Dit alors, se levant de terre :

« Passe en paix. Calme ton chagrin,
En priant Dieu, bon pèlerin ;
Implore la grâce bénie
Du Seigneur! Elle est infinie! »
Le pénitent blêmit d'effroi,
A la voix qu'il crut reconnaître ;
Il contemplait, muet, cet être
Qu'il avait vu certe, étant roi...

— « Reviens-tu de la ville antique
Où mourut le Christ ?... de Sion?
Rapportes-tu quelque relique,
Souvenir de sa passion?
— « Je viens de la cité qu'on nomme
Eternelle, en langage humain;
Le pape m'a maudit à Rome,
Chassé du temple de sa main... »

— « Pauvre âme, garde l'espérance ;
Confesse humblement tes péchés ;
Par ma voix, Dieu, dans sa clémence,
Absoudra tes crimes cachés. »
— « De quel droit, vieillard charitable,
Peux-tu consoler un coupable
Repentant, pauvre infortuné,
Que le saint-père a condamné ? »

— « Crois à mon pouvoir efficace
Que m'a confié l'Eternel.
Les torts, que sur terre j'efface,
Te seront pardonnés au ciel. »
Le pèlerin dans sa misère,
Fit alors sa confession
Au vieux et vénérable père,
Implorant sa protection :

« Au nord, comme au sud des Karpathes,
Le monde a jadis applaudi
Aux exploits du roi des Sarmates,
Boleslas, nommé le Hardi ;
Le favori de la victoire,
Au butin préférant la gloire,

Redouté de ses grands vassaux,
Aimé par ses sujets loyaux...

« Ce fut moi ! Mon bras invincible
Reprit Kieff, et fut terrible,
Surpassant même le renom
De mon aïeul du même nom...
Dans l'ivresse et la bonne chère,
Je perdis mon autorité,
Me livrant aux excès... Mon père,
Sais-tu, ce qu'est la volupté ? »

— « Certe elle est de source divine,
Quand elle prend son origine
Du devoir noblement rempli,
Et du bien sur terre accompli ;
Mais la passion sensuelle,
Qui trouble l'esprit par les sens
Perd, par son œuvre criminelle,
L'homme, en des plaisirs indécents.

— « De ses attraits je fus victime,
Et je ternis mes grands exploits,

Dans la débauche et dans le crime
Qui me pèsent de tout leur poids ;
Souillé par la joie éphémère,
Je devins le jouet, un jour,
D'un amour insensé... Mon père,
Connais-tu bien, ce qu'est l'amour ? »

— « Ainsi que de son enveloppe
Le soleil fait surgir la fleur,
L'amour vertueux développe
De nobles instincts, dans le cœur ;
Mais honte à celui qui s'amuse,
Sous le couvert du sentiment ;
Le séducteur, s'il en abuse,
Mérite un juste châtiment... »

— « Je brûlais d'une ardente flamme
Pour un charmant être adoré,
Voulant, dans mon amour infâme,
Remplacer l'amant préféré,
Un jeune guerrier de ma suite,
Plein de valeur et de mérite,
Qui venait d'obtenir sa main
Et son cœur à l'église... en vain...

« Des soldats vinrent, à mon ordre
Séparer les jeunes époux ;
Ils tuèrent, dans le désordre,
Le rival dont j'étais jaloux ;
La femme en larmes, mais en vie,
A ma passion asservie
Par violence, dut subir
L'impur affront de mon désir...

« L'archevêque de Cracovie,
Stanislas, alors me tança
De la chaire, en blâmant ma vie
Et mon crime ; il me menaça
Des foudres de la sainte église,
Me rappelant à la vertu...
Ma haine égala ma surprise.
Ce qu'elle produit ? Le sais-tu ? »

— « Les hommes goûtent la vengeance,
La trouvant un mets savoureux ;
Mais son enivrante apparence
Laisse au cœur un remords affreux. »
— « Oh ! C'est la vérité, mon père,
Je suis bourrelé de remords,

Après le meurtre et l'adultère,
Ne pouvant expier mes torts...

« Voyant, que pas un mercenaire
N'osait commettre l'attentat
A l'autel, dans le sanctuaire,
Je fondis sur le saint prélat,
Et le tuai, dans ma colère,
Répandant le sang qu'on vénère ;
D'un bras sacrilège, assassin,
Plongeant mon poignard, dans son sein.

« Après mon action infâme,
Je ne trouvai plus de repos,
Ni de répit pour ma pauvre âme,
Vouée aux esprits infernaux.
J'abandonnai trône et patrie,
Ne pouvant supporter la vie,
Et me fis pèlerin errant,
Maudit par mon peuple souffrant.

« Pour expier ma flétrissure,
J'habite ici, depuis dix ans,

Suivant la règle la plus dure,
Mendiant le pain des couvents,
Dans une austère pénitence.
Pourtant le pape a refusé
De m'admettre à résipiscence
Puis-je être jamais excusé? »

— « Dieu, sévère dans sa justice,
Prend en pitié les malheureux;
Et le Christ, par son sacrifice,
Nous donne un appui généreux.
Tes regrets, ta douleur sincère
Furent bien accueillis au ciel;
Tes ancêtres, par leur prière,
Ont touché le Père éternel...

Tes jours sont comptés sur la terre,
Attends humblement ton pardon
De Dieu, qui t'absoudra, j'espère,
Comme je l'ai fait, en son nom... »
Le roi sent frémir tout son être;
Il regarde autour : plus de prêtre...
Le vieillard avait disparu,
Spectre ou fantôme... Qui l'aurait cru!

Est-ce saint Stanislas, lui-même,
Qui, touché par les pleurs du roi,
Avait quitté son diadème,
Pour venir calmer son effroi?...
Personne n'aurait su le dire
Au roi, trouvé mort le matin,
Exilé loin de son empire,
Et gracié par le destin.

Grand héros, autrefois célèbre,
Pauvre ermite, après son forfait,
Il n'eut, mourant, ni glas funèbre,
Ni riche cercueil, ni regret...
Un religieux le mit en terre,
Dans un coin du jardin claustral,
Et fit buriner, sur la pierre,
Un noble guerrier à cheval.

XII

SAINTE GENEVIÈVE PATRONNE DE PARIS

(Légende de l'année 541)

Dur fléau de Dieu, tonnerre qui gronde,
Attila, le Hun, ayant mis en sang
Une bonne part de l'antique monde,
S'avance à présent vers le pays franc.
O peuple inconstant, sceptique et frivole !
Ton esprit léger jouit et raffole
Des plaisirs mondains, charnels et grivois,
Te moquant de Dieu, blasphémant la croix,
Ta Lutèce [1] va, pareille à Sodome,
Devenir la proie impure du feu,
Attila condamne à mort ton royaume

---

[1] Ancien nom de Paris.

Et ses habitants. Tu peux dire adieu
A la vaine joie, aux plaisirs sur terre,
Pour périr bientôt d'atroce misère ;
A moins que le Christ, pesant tes vertus,
Ne prenne en pitié, grâce à leur prestige,
Ton malheureux sort, fruit de tes abus,
Et ne le transforme, en un vrai prodige,
Te laissant jouir librement, en paix,
De la vie humaine et de ses bienfaits.

Comme au fond de la mer, se trouve une coquille,
    Ayant des perles pour trésor,
Tu contiens dans ton sein une sainte famille
    Solitaire, en son pur essor
Vers le Verbe éternel, vers la source divine
    Du bien et de la vérité ;
Cachant, dans le bonheur, sa chrétienne origine,
    Accourant, dans l'adversité,

Au secours de Lutèce éplorée et craintive,
    Dans ce moment désespéré.
Au milieu des élus luit une perle vive,
    Une vierge à l'air inspiré ;

Elle portait le nom de sainte Geneviève.
  Sa grâce et ses charmants attraits
Egalaient la bonté de cette fille d'Eve,
  Bien connue à tous les Français.

Réunis en conseil, les anciens de la ville
  Délibéraient dans le Forum :
Valait-il mieux combattre ou fuir, en temps utile,
  Emportant leur palladium.
« Armons-nous et luttons, pour sauver du pillage
  Notre cité, disaient les uns:
Montrons de l'énergie et nous vaincrons. Courage,
  Amis ! Nous chasserons les Huns. »

Les prudents répondaient. « La lutte est impossible,
  Et nous conduirait à la mort.
Evitons par la fuite Attila, l'inflexible.
  Tâchons de conjurer le sort.
Au lieu donc d'affronter la mort et la défaite
  Qui ne sauverait pas nos murs,
Mettons-nous à l'abri d'une sûre retraite,
  Pour attendre des temps moins durs. »

Le conseil se partage en deux avis contraires,
    Quand, au milieu de ces débats,
Une femme, bravant les clameurs populaires,
    Vient s'adresser aux magistrats.
Son maintien noble et fier, sa beauté virginale
    Lui prêtent un air souverain,
Une lueur céleste et divine s'exhale
    De son œil limpide et serein.

— « Mes frères malheureux ! O ! dans votre infortune,
    Vous prenez conseil de la peur,
Ou de trop de hardiesse, audace inopportune.
    Craignez seulement le Seigneur !
Lui seul dicte la loi. Notre ennemi sauvage
    N'est qu'un instrument dans sa main.
Implorons à genoux son divin patronage ;
    L'effort d'Attila sera vain. »

— « Que viens-tu nous parler, indigne créature,
    Au nom de la divinité ?...
C'est peut-être, en effet, son action impure
    Qui nous vaut un sort redouté...
« Sois alors, dans ce cas, la première victime
    De ton terrible Justicier !

Pourquoi nous lance-t-il dans un profond abîme?
	Demande-lui sur le brasier... »

Et la foule en colère, aussitôt mise à l'œuvre
	Prépare le bois du bûcher ;
On dirait des démons, attisant, en sous-œuvre,
	Les flammes, sans s'effaroucher...
Les yeux au ciel, la vierge attend calme, impassible
	Le saint martyre et son trépas,
Quand le peuple, écoutant une force invisible,
	Vers un vieillard lève les bras,

Et réclame un conseil, un avis salutaire.
	C'est le bon, le vieux saint Germain.
Bien qu'il soit un chrétien, le peuple le vénère,
	Admire son génie humain,
Et, tout en bafouant le culte catholique,
	Il rend justice à ses vertus,
A sa haute sagesse, à son âme angélique,
	A ses mérites bienvenus.

Sachant venir en aide aux peines, aux souffrances,
	Il console les malheureux

Et, prêchant l'union en toutes circonstances,
    Donne du courage aux peureux.
Dominant le tumulte au forum, cris et plainte
    Du peuple, dans son désespoir :
« N'offensez pas, dit-il, une vierge, une sainte,
    Dont, au ciel, est grand le pouvoir !

« Citoyens ! Le Seigneur tout-puissant vous accorde
    Sa protection. Croyez-moi,
Rendez grâce au bon Dieu de sa miséricorde,
    En vous soumettant à sa foi... »
La voix du saint pasteur paraît être inspirée,
    Et calme la foule, en courroux,
Qui voulait mettre à mort. Maintenant éplorée,
    Elle prie et tombe à genoux ;

Puis acclame la vierge, en baisant sa tunique,
    Et la fait asseoir au conseil,
Où la sainte, enseignant le dogme catholique
    Brille d'un éclat sans pareil,
Et du peuple, en silence, écoutée et bénie,
    Elle fait sa prière à Dieu,
Adjurant sa puissance et sa grâce infinie
    Toujours efficace, en tout lieu...

Par sa protection, on dirait par magie,
    Le danger se trouve écarté ;
Le dur Attila laisse, abruti par l'orgie,
    Au fourreau son fer redouté.
Et, changeant par caprice, et de plan et de route,
    Prend soudain un autre chemin,
Des Bataves surpris met l'armée en déroute,
    Pille et massacre le voisin...

Cette fois-ci, Lutèce échappe à la ruine...
    Puisse folie, ou passion,
Ne jamais mériter la colère divine,
    Comme à Babylone, ou Sion.

XIII

UN ÉPISODE DE LA VIE DE PIE VII

Dégoûté du monde, un jeune homme
Qu'avait déçu sa passion,
Se rendit à Saint-Pierre, à Rome,
Pour faire sa confession.

Il trouva dans l'aveu sincère
De ses péchés, prêt à subir
Une punition austère,
L'humble calme du repentir,

L'oiseau, réveillé par l'aurore,
Chante l'azur du firmament ;
Ainsi l'âme en extase, implore
Dieu, dans un doux ravissement ;

« Indiquez-moi, dit-il, mon père,
Le plus sûr chemin du salut,
Sans vous montrer par trop sévère
Pour mes défauts, à mon début. »

— « La meilleure arme est la prière,
Pour dompter l'appétit charnel,
Ainsi que la foi salutaire
Qui mène le pécheur au ciel. »

— « Servant l'État, j'ai tant à faire,
Pour bien accomplir mon devoir,
Que je puis à peine distraire
Un instant, pour prier le soir. »

— « Réprimez la chair, étant jeune,
D'après l'exemple du Sauveur,
Par l'abstinence et par le jeûne,
Pour en être l'heureux vainqueur. »

— « Dans les plaisirs, dans la mollesse,
Ma chair, en butte aux passions,
Ne saurait plus, dans sa faiblesse,
Supporter des privations. »

— « S'il est ainsi, seule, l'aumône
Vous reste encor, comme un moyen
De voir de près l'éclatant trône,
D'où luit l'auguste Auteur du bien. »

— « O! j'ai gaspillé mes richesses,
Me ruinant, sans le savoir!
Je ne dois vraiment, qu'aux largesses
Du monarque, mon faible avoir. »

— « Si vous manquez de force active,
Pour les devoirs de piété,
Que votre âme faible et craintive
Ressente au moins l'humilité! »

« Scrutez souvent la conscience,
Avec regrets et repentir.
En gage de mon indulgence,
Je vous laisse ce souvenir. »

Il dit et, couvrant son visage,
Lui tend du confessionnal,
Pour lui donner plus de courage,
Son bel anneau pontifical,

Où brillait un divin précepte,
En deux mots : « *Memento mori* »
Rappelant au nouvel adepte,
La fin du corps, limon pétri.

« Portez, dit-il, en ma mémoire,
Cette bague, mon fils, au doigt ;
Qu'elle serve de monitoire,
Vous indiquant le chemin droit. »

Le pénitent dit au saint prêtre :
« O ! j'accepte ce don flatteur,
Mon père ! et je voudrais connaître
Le cher nom de mon bienfaiteur. »

— « Pas aujourd'hui ; dans une année,
Revenez dans le même lieu.
Bénissant votre destinée,
Vous saurez qui je suis... Adieu!... »

Le pêcheur, absous à l'église,
Revint de Rome en son pays.
Conformément à la devise,
Sur la bague inscrite en rubis,

Il changea de genre de vie,
Ressentit l'ardeur de la foi
Pour Dieu, fidèle à sa patrie,
Zélé serviteur de son roi...

Un an plus tard, à l'heure même,
Il se présenta, radieux,
Devant le tribunal suprême
Du confesseur doux et pieux...

« Vous avez délivré mon âme,
Dit-il, par votre talisman;
Je sens une divine flamme
Qui me guide dans mon élan...

« Trop épris des biens de la terre,
Je subissais leur joug, quand Dieu
Me releva par la prière,
M'ouvrant un céleste milieu...

« Il m'épura, par l'abstinence,
Des plaisirs et des goûts mondains ;
J'aperçus, avec évidence,
Comme ils sont futiles et vains.

« Mon âme, au vrai bien convertie,
Dédaigne leur fragilité,
Et ne garde sa sympathie,
Qu'aux trésors de la charité...

« Je le dois à votre œuvre sainte,
Mon père ! Mon esprit, calmé
Par la prière, attend sans crainte
L'arrêt final du Juge aimé. »

— « J'ai deviné, mon fils, votre âme,
Vers le ciel son splendide essor,
Et la céleste et pure flamme
Qu'allume, en vous, mon anneau d'or.

« La base de toute sagesse
Est l'amour de notre Sauveur,
Indulgent pour notre faiblesse,
Quand il possède notre cœur. »

Parlant ainsi l'auguste prêtre
Bénit avec la sainte croix
Le pécheur repentant, dont l'être
Tressaillit d'espoir à sa voix.

« Qui donc êtes-vous ? dit au père
Le jeune croyant raffermi ;
Vous, mon bon ange tutélaire ? »
— « De vos parents un vieil ami,

« Servant le Christ, en cette vie … »
Le chrétien reconnut au son,
S'agenouillant, le pape Pie,
Le septième élu de ce nom.

XIX

TROIS CERISES

(Apologue)

Un grave professeur, à l'instar de Platon,
Enseignait en marchant, suivi d'un peloton
D'élèves, attentifs à son cours de morale,
Quand il vit, sur la route, un vieux fer usé, sale
Qu'avait laissé tomber un cheval mal ferré.
« Ramassez-le, » dit-il à l'un de ses élèves :
Celui-ci n'en fit rien, paresseux et madré,
A quoi bon, pensait-il, absorbé dans ses rêves,
Se fatiguer en vain ? Sous cette impression,
Il fit la sourde oreille à l'observation.
Le maître laissa faire et sourit sans rien dire ;
Car démontrant sa thèse, il venait de décrire
Le charme du cœur humble et soumis au destin.
Il releva le fer, poursuivant son chemin.

Passant près d'une forge, il entre et questionne
Le forgeron : « Que vaut le fer? Ce qu'il en donne? »
— « Deux gros. » L'accord est fait. Il va toujours plus loin,
En bravant le soleil d'été, comme un bédouin...
Ils croisent, à cent pas, une fillette agile
Qui porte, en un panier, des cerises en ville,
Et donne, pour deux gros, au docte professeur
Trois cerises au choix, d'une énorme grosseur...

La chaleur augmentait; le sol couvert de sable
Rayonnait au soleil; nulle part d'eau potable.
Le maître, poursuivant son thème, et sa leçon,
Soit-disant par mégarde, et certe à trois reprises,
Laissa choir, une aux champs, l'autre sous un buisson.
Une autre encor plus loin, les trois belles cerises;
Et le même disciple, indolent et sournois,
Se penchant aussitôt, releva la première,
Pour apaiser sa soif; puis la seconde fois,
Se courba derechef et ramassa sur terre
Le beau fruit savoureux, pour calmer son désir
De se désaltérer, par la chaleur ardente.

Mais quand il se baissa de nouveau, pour cueillir

La troisième cerise, une main caressante
Se posa doucement sur l'élève surpris,
Et le docteur lui tint, en quelques mots concis,
Le langage suivant : « Quand la chaleur dessèche
La bouche et le gosier, il est bon, n'est-ce pas,
Mon cher gourmet, de mordre un fruit, cerise ou pêche?
Mais en vous rappelant mon dire et nos débats,
Sur la soumission aux lois de la nature,
Vous baissant une fois, à mon ordre attentif,
Vous auriez sagement évité l'aventure
De vous courber trois fois pour le même motif. »

XV

LA LÉGION THÉBAINE [1]

« Le Gaulois fuit vaincu. Nous avons la victoire,
    Dit Maxime à ses légions :
A Rome, au Capitole, honneurs, triomphe et gloire
    Pareront de lauriers nos fronts... »
Et, rêvant à l'empire, au pouvoir sans limites,
    Qui l'attend, à l'égal des dieux,
Il ordonne une offrande à Mars, d'après les rites
    Païens et leur culte odieux...

Une des légions, certes la plus vaillante,
    Refuse pourtant son concours
A l'impur sacrifice, à l'œuvre dégoûtante
    D'un régal offert aux vautours.

---

[1] Fait historique relaté dans les *Annales de l'Eglise*, redigées par Rohrbacher (livre 30ᵉ du VIᵉ volume). Il arriva vers l'an 290 de notre ère, aux pieds du mont Saint-Bernard. *(Note de l'auteur)*.

Maxime furieux, réprimande en colère,
    Les soldats insubordonnés ;
Ceux-ci restent muets à son ordre sévère,
    Et dans leur idée obstinés.

Leur chef lui dit alors : « Vous êtes notre maître,
    Dans tous les intérêts mondains ;
Mais nous reconnaissons l'unique et divin Être
    Des chrétiens, nous, Grecs et Thébains.
Nous devons obéir à César, sur la terre,
    Et le servir de notre mieux ;
Mais notre foi chrétienne, inflexible et sincère,
    Défend d'adorer les faux dieux... »

« C'est votre arrêt de mort, » dit le tyran féroce,
    Froissé dans son autorité.
Il les condamne tous au châtiment atroce,
    Pour punir leur ténacité.
Ils auraient pu, nombreux, connus par leur vaillance,
    Se mettre en insurrection ;
Et faire payer cher, grâce à leur résistance,
    La cruelle exécution...

Même chez les Romains, les nobles belles âmes
      Prennent en pitié les chrétiens,
Et s'indignent de voir traiter, en vils infâmes,
      De libres et fiers citoyens.
Les grands cœurs généreux se disposent à défendre
      Les droits reconnus des Thébains.
« Armez-vous, disent-ils, résistez, sans attendre,
      Et nous soutiendrons vos desseins. »

Les Grecs disent émus « Défenseurs de l'Empire,
      Nous ne bravons pas l'Empereur.
La foi vivifiante, épurée au martyre,
      De César vaincra la fureur. »
L'instant fatal approche... Au camp, des cris terribles
      Accompagnent les meurtriers ;
Les chrétiens résignés, à la mort insensibles,
      Jettent glaives et boucliers.

Ils élèvent les mains au ciel, dans leur prière,
      Rendent grâce à Dieu tout-puissant
De pouvoir contempler la divine lumière,
      Et meurent, en le bénissant...
Plusieurs des chefs romains, voyant leurs fins sublimes
      Pour le triomphe de la croix,

Convertis, de bourreaux se firent les victimes,
    Glorifiant Dieu de la voix.

Les gentils se moquaient de leur céleste extase,
    La tournant en dérision;
Et Maxime croyait solides sur leur base,
    Son pouvoir, son ambition.
Mais l'arrêt qu'a dicté l'auguste Providence
    Est immuable, en ses effets.
La mort des saints martyrs, les pleurs de l'innocence
    Réalisèrent ses décrets.

Bien peu de temps après, le vainqueur de Maxime
    Arbora l'étendard divin,
Dont la sainte auréole, illuminant l'abîme,
    Couronna le grand Constantin...

XVI

BOUTADE

L'esprit, l'action, le progrès
Mots sonores et noms sublimes,
Dont se parent souvent les crimes
Pour justifier leurs excès...

Chacun les commente à sa guise ;
Le monde autrement que l'église,
Le sage autrement que le fou.
Le même son vibre aux oreilles,
Nommant ruines ou merveilles,
Diamant ou simple caillou,
Selon le goût et la manière
De chaque habitant de la terre,
Tout comme à la Tour de Babel.

Quand l'*Esprit* de source divine,
Est fidèle à son origine,
Il est un pur souffle immortel,
Une émanation céleste,
Où l'idéal se manifeste
Et révèle le Créateur ;
Un simple atome, une parcelle
De l'essence même éternelle,
Qui dévoile le grand auteur...

Celui qui reflète sur terre,
La divine et sainte lumière,
Y cherchant l'inspiration,
S'élève au ciel par la pensée,
Par sa foi dans Dieu confessée.
En idée et dans l'*Action*...

Il guide à la vérité pure
Aux mystères de la nature
L'humanité par le *Progrès*.
Et passe lumineux dans l'histoire,
En sage, couronné de gloire
Des cieux d'azur s'ouvrant l'accès.

Mais le démon dans sa puissance,
Et par sa maligne influence,
Attire aussi le cœur humain ;
Enseignant la fausse science,
Assourdissant la conscience,
Il tente l'être faible et vain...

L'amour impur et ses ivresses,
Le vain orgueil et ses promesses,
Entraînent au mal le pécheur,
Qui, se plongeant dans les délices,
Préfère la fange et les vices
A la vertu dans sa blancheur.

Il s'abrutit dans sa folie,
Buvant le vin jusqu'à la lie,
Oubliant devoirs et remords.
Ivre des baisers d'une femme,
Il souille son esprit et l'âme,
Dans les convoitises du corps...

Malheur aux gens, malheur aux villes
Ternis par les passions viles
Qui mènent tout droit à l'enfer !...

Ils périront, comme Sodome,
A la recherche d'un fantôme,
Dans les flammes, où par le fer...

Pour éviter peine et misère,
Implorons Dieu par la prière,
Et nous serons sûrs du succès,
Trouvant une force morale
Contre l'action infernale,
Qui nous montre le faux progrès.

XVII

LE POUVOIR DE LA FEMME

Il est une puissance, au monde irrésistible,
En dépit des assauts de l'impie, invincible ;
   Le culte de la croix.
Il puise dans le ciel sa force souveraine,
Soulage nos malheurs, console notre peine
   Qui se calme à sa voix.

Il a deux grands soutiens : la vertu, le génie...
Mais pour bien les unir, pour mettre en harmonie
   Leurs belles qualités,
Une troisième force est encor nécessaire,
Leur servant de lien et d'intermédiaire
   Entre leurs entités.

Elle aide le génie à répandre sa flamme,
Et pare les vertus des grâces de la femme,
   De ses charmants attraits...
Fleur ravissante, ayant dans les cieux sa racine,
Être humain qui trahit sa sublime origine
   Par ses nombreux bienfaits.

La foule t'applaudit, le monde t'idolâtre,
L'amour pur, innocent, rougit ton teint d'albâtre,
   Dans ta virginité ;
Ton céleste regard, ton gracieux sourire
Ouvrent le paradis au mortel en délire,
   Que séduit ta beauté...

La terre était jadis un Eden de délice,
Grâce à toi, jusqu'au jour, où l'orgueil, affreux vice,
   Perdit le genre humain.

Le Seigneur généreux fit cesser sa misère,
Par l'envoi de la Vierge, illustre et chaste mère
    Du Christ, Sauveur divin.

XVIII

MEMENTO MORI

O si vous saviez, hommes insensés !
Comme nos beaux ans sont vite passés,
Vous ne rendriez pas, à qui vous est chère,
Les jours odieux, et la vie amère.

Stériles et vains, les regrets tardifs
Ne sauraient guérir les maux excessifs,
Produits par le doute à l'âme ulcérée
De votre victime, un jour, adorée...

Quand mes pauvres yeux, creusés par les pleurs,
Ne sentiront plus, fermés, les douleurs
De votre abandon ; pourrez-vous encore
Réparer le tort qui me déshonore?...

Quand mes bras roidis, croisés sur mon sein,
Et tenant le Christ, sauveur de mon âme,
Ne pourront s'ouvrir, dans un but humain,
Pour vous pardonner votre injuste blâme;

Que mon cœur glacé ne vibrera plus,
Tristement ému de votre refus;
Que je serai morte, enfouie en terre,
Vous regretterez mon amour sincère!

Trouvant au retour, vide la maison
Sans la femme prête, en toute saison,
A vous obéir toujours, à vous plaire,
A partager joie et destin contraire,

Et, vous rappelant, le foyer joyeux,
Délaissé par vous, dans votre inconstance,
Le trésor perdu, les moments heureux,
Vite empoisonnés par la défiance,

Votre cœur sera rongé de remords!...
Vous invoquerez, déplorant vos torts,
L'amour dédaigné d'une femme, une ombre,
Et vous trouverez la vie âpre et sombre...

Vous appellerez, maudissant le sort,
La fin de tourments, pires que la mort,
Jusqu'au jour où, grâce à votre prière,
Vous pourrez enfin quitter cette terre.

FIN DES BALLADES, ETC

APPENDICE

LUCIEN SIÉMIENSKI

Après les deux illustres interprètes des grands poëtes de l'Allemagne et de l'Angleterre, mentionnons l'éminent traducteur de l'*Odyssée*, en vers polonais harmonieux, dont le rhythme, le nombre et l'ampleur de style rendent fidèlement les beautés épiques du vénérable patriarche de la poésie classique ; Lucien Siémienski, enlevé aux lettres et à ses nombreux amis, l'année 1878, à Cracovie.

La veille de sa mort, et, pressentant sa fin prochaine, il écrivit les stances suivantes pleines de charme mélancolique, le dernier soupir poétique d'un des glorieux représentants de la littérature polonaise au dix-neuvième siècle.

ADIEUX A LA VIE

« Il est temps pour qui doit partir. »

O lumière du jour! qui rayonne et qui luit,
Triste ou gaie, à mon âme en ce monde exilée!
Astres du firmament, clairs flambeaux de la nuit!
Mon regard pourra-t-il, sur la voûte étoilée,
    Vous voir demain, à mon désir?
    Il est temps, pour qui doit partir...

Concert d'oiseaux épris, chantant l'amour joyeux,
Sonore écho des bois remplis de brume et d'ombre,
Vague murmure, au loin, des lacs mystérieux,
Compagnons de ma vie isolée et bien sombre!
    Pourrai-je demain vous ouïr?
    Il est temps, pour qui dois partir...

Fleurs suaves des champs, par un souffle opportun,
Envoyez à mon cœur vos effluves aimées!...
Verts bosquets du printemps, roses au doux parfum,
Viendrez-vous me baigner de senteurs embaumées
      Demain, vous livrant au zéphyr?...
      Il est temps, pour qui doit partir...

Magiques instruments : ciseaux, plume et pinceau ;
De l'inspiration sublime et pur génie,
Déroulant à mes yeux un céleste tableau,
Je ne remplirai plus la mission bénie,
      Qu'aux champs d'azur, à l'avenir!
      Il est temps, pour qui doit partir...

Extase de mon âme, ivresse de mes sens,
Mirage éblouissant qui s'imposait en maître
A mon esprit rêveur, tissant le fil des ans,
L'éternité, demain chassera de mon être
      Votre cher et bon souvenir!...
      Il est temps, pour qui doit partir...

Caprice et fantaisie, orage et passions
M'enlevaient dans l'espace ouvert, comme une trombe,
Me cachant le mobile humain des actions

Et la réalité... J'en saurai, dans la tombe,
D'avantage, au dernier soupir...
Il est temps, pour qui doit partir...

Mon esprit, délivré par la mort, quittera
La dépouille du corps, comme un voile qu'on jette,
Et, pur rayon divin, au ciel resplendira!...
Mes âmes sœurs! vous seuls, amis, je vous regrette
Sur terre, au moment de mourir...
Il est temps, pour qui doit partir.

FIN DE LA PREMIÈRE PARTIE

TABLE

~~~~~

ADAM MICKIEWICZ

Avant-propos.................................... *Page*   7

POESIES LYRIQUES

I —	Ode à la jeunesse....................	13
II —	Aux mères polonaises.................	17
III —	La redoute d'Ordon...................	20
IV —	La mort du colonel...................	27
V —	La nuit au bivouac...................	29
VI —	Les trois frères Boudris.............	33
VII —	Madame Twardowska....................	37
VIII —	L'ondine............................	44
IX —	Le retour du père au logis...........	52
X —	L'embuscade..........................	57
XI —	Le Maître suprême....................	61
XII —	Les faux savants.....................	62

XIII — DEUX ROMANCES DE WALLENROD

    1. La belle Vilia........................ 64
    2. Chant de la tour..................... 66

XIV —   STANCES D'AMOURS

    1. Si j'étais l'auréole claire.......... 68
    2. A votre ordre de fuir................ 69
    3. Quand ma blonde beauté............... 71
    4. Soyez fidèle à ma tendresse.......... 72
    5. O ma chère adorée!................... 73

XV — SONNETS

1. A Laure............................*Page* 77
2. Soir et matin........................... 78
3. Bonjour. 79
4. Bonne nuit 80
5. Au Niémen............................. 81
6. A Laure............................... 82
7. Sur la montagne....................... 83
8. Calme en mer.......................... 84
9. Le pèlerin............................. 85
10. Ruines du château de Balaklava........... 86
11. La tempête............................ 87
12. La fontaine de Bagtchessaraï............. 88

LES AÏEUX (POËME)

I — L'Improvisation, scène extraite du deuxième chant : LES MARTYRS 91
II — Fragments du troisième chant : RUSSIE
    1. Aux Russes, mes amis.................. 112
    2. Pétersbourg........................... 115
    3. Monument de Pierre le Grand............ 127
III — Quatrième chant : LE PRESBYTÈRE 131

EDOUARD ODYNIEC

Avant-propos................................... 221

BALLADES, LÉGENDES, SATIRES

I — Noces et festin.......................... 227
II — La captive du Lithuanien................. 235
III — Les péchés d'autrui...................... 240
IV — Les hirondelles......................... 253
V — Le dernier toast......................... 255

TABLE

VI —	Elle et lui .... *Page*	258
VII —	La perfection	261
VIII —	Le farfadet	264
IX —	Le sonnet	268
X —	Deux fables	
	1. Les robes à traîne	269
	2. L'aïeul et son petit-fils	270
XI —	Le pénitent	271
XII —	Sainte Geneviève	282
XIII —	Episode de la vie de Pie VII	288
XIV —	Trois cerises	295
XV —	La légion thébaine	298
XVI —	Boutade	302
XVII —	Le pouvoir de la femme	305
XVIII —	*Memento mori*	307

APPENDICE

LUCIEN SIÉMIENSKI

Adieux à la vie 313

ERRATA

Page 31, avant-dernier vers, lisez : *Vengeance*, au lieu de Souffrance.
» 42, vers 7, *plonge*, au lieu de : *pose*.
» 94, » 4, Je *chante à* moi, au lieu de : *pour* moi.
» 95, » 2, *en* mes vers, au lieu de : *dans* mes vers.
» 102, » 2, *un* pouvoir, au lieu de : *le* pouvoir.
» 104, » 2, *ou* l'éclair, au lieu de : *où* l'éclair.
» 108, » 3, *Quand je souffre dans mon délire*, au lieu de : *Et pendant que je délire*.
» 110, » 13, *rougie*, au lieu de : *rougit*.
» 163, » 14, *des adieux*, au lieu de : *de nos adieux*.
» 163, » 15, *Calmer* ma peine, au lieu de : *Adoucir* ma peine
» 164, » 18, *succès, gloire*, au lieu de : *gloire, succès*.
» 167, » 14, *Voyant* seulement, au lieu de : *Ils voient* seulement.
» 167, » 20, *voit* différemment, au lieu de : *voient* différemment.
» 182, » 10, *pareille* à l'enfer, au lieu de : *pareil* à l'enfer.
» 187, » 10, *camp*, au lieu de : *camps*.
» 195, » 6, *oui, dévote à l'église*, au lieu de : *et dévote, à l'église*.
» 203, » 7, *ne sachant mendier*, au lieu de : *ne sachant pas mendier*.
» 203, » 10, *faites à votre gré*, au lieu de : *Agissez à votre gré*.
» 212, » 8, *qui le ferait* mouvoir, au lieu de : *qui l'oblige à* mouvoir.

OUVRAGES DU MÊME AUTEUR

Traduits du Polonais

EN VENTE CHEZ L'ÉDITEUR E. PLON, A PARIS

MONSIEUR THADÉE

Poëme d'ADAM MICKIEWICZ

DEUX VOLUMES — PRIX : 10 FRANCS

L'AUBE — EN SUISSE
De KRASINSKI   De SLOWACKI

UN VOLUME — PRIX : 3 FR. 50 C.

CHEZ VISCONTI, A NICE
ET CHEZ MARPON & FLAMMARION, A PARIS
Galerie de l'Odéon

CYCLE UKRAINIEN

A. MALCZEWSKI — B. ZALESKI — S. GOSZCZYNSKI

UN VOLUME — PRIX : 5 FRANCS

CYCLE GALICIEN

V. POL — K. UJEJSKI — A. FREDRO

UN VOLUME — PRIX : 5 FRANCS

CYCLE LITHUANIEN

Première partie : A. MICKIEWICZ — E. ODYNIEC
Seconde partie : L. SYROKOMLA — J. NIEMCEWICZ

DEUX VOLUMES — PRIX : 7 FRANCS

NICE. — IMPRIMERIE ET PAPETERIE MALVANO-MIGNON, 62, RUE GIOFFREDO

www.ingramcontent.com/pod-product-compliance
Lightning Source LLC
Chambersburg PA
CBHW070627160426
43194CB00009B/1387